Aufgeschlossen

Lehrbuch

Martina Esser

Michael Spencer

Alan Wesson

Series Editor: Ted Neather

First published in 1999 by:
Mary Glasgow Publications
An imprint of Stanley Thornes (Publishers) Ltd
Ellenborough House
Wellington Street
Cheltenham GL50 1YW
England

A catalogue record for this book is available from the British Library

99 00 01 02 03 / 10 9 8 7 6 5 4 3 2 1

ISBN 0-7487-4346-4

Design: Viners Wood Associates, Painswick, Gloucestershire
Illustrations: Angela Lumley and Richard Duszczak
Speakers on the cassettes: Aletta Lawson, Sabina Michael, Stephan Grothgar, Wolf Kähler
Studio recordings: Graham Williams, The Speech Recording Studio

Printed and bound in Great Britain by Redwood Books, Trowbridge, Wiltshire

Inhalt

Einheit 1 Jugendliche in der Familie von heute — page 9

Nebenthemen	Grammatik	Kommunikationsziele	Lerntipps
Die Familie heute Und wie war es früher? Probleme, wenn Eltern arbeiten	Verben – das Präsens Determinanten im Nominativ *dass, weil, denn*	ausdrücken was man mag und nicht mag über Beziehungen sprechen über Unterschiede sprechen	das Benutzen des deutsch-englischen Teils eines zweisprachigen Wörterbuches das Benutzen des englisch-deutschen Teils eines zweisprachigen Wörterbuches

Einheit 2 Essen und Trinken – Das Traditionelle und das Neue — page 17

Nebenthemen	Grammatik	Kommunikationsziele	Lerntipps
Das Süße Bier, ein traditionelles Getränk Traditionelle und neue Speisen	Pluralformen Modalverben Komparativ und Superlativ	vergleichen diskutieren jemanden überzeugen	richtig lesen

Einheit 3 Ferienzeit — page 25

Nebenthemen	Grammatik	Kommunikationsziele	Lerntipps
Ferien für junge Leute Und wie war es früher mit den Ferien? Grüner Tourismus	*man* Infinitivkonstruktionen das Imperfekt das Perfekt Adjektivendungen	jemanden überzeugen Rat geben ein Interview machen	Tipps zum richtigen Hören

Einheit 4 Was ist uns wichtig? — page 33

Nebenthemen	Grammatik	Kommunikationsziele	Lerntipps
Jugend ist… Welche Erwartungen haben junge Leute an ihre Zukunft? Welche Pobleme birgt die Zukunft?	Satzordnung im Hauptsatz das Futur possessive Adjektive Subjekt / Objekt / indirektes Objekt	die eigene Meinung ausdrücken über Pläne sprechen	Ideen in einem Assoziogramm ausdrücken

Einheit 5 Herausforderungen an die Gesellschaft — page 41

Nebenthemen	Grammatik	Kommunikationsziele	Lerntipps
Drogenabhängigkeit Arbeitslosigkeit „Einelternfamilien" – eine Herausforderung an die heutige Gesellschaft?	Pronomen im Nominativ und Akkusativ reflexive Verben	an einer Diskussion teilnehmen Rat geben über soziale Themen sprechen und schreiben	das zweisprachige Wörterbuch a) unregelmäßige Verben b) zusammengesetzte Wörter c) Pluralformen

Einleitung

Welcome to *Aufgeschlossen*. This is the first book of a two-part course leading to A-Level. For students taking AS, *Aufgeschlossen* is a complete, stand-alone course. Those going on to A Level will find all that they need in the second book, *Aufgeklärt*. The two books have been written by a group of experienced A-Level examiners and teachers.

Aufgeschlossen is divided into four introductory chapters and six main chapters. Each chapter is structured to give you an overview of a subject, and to enable you to progress to more complex vocabulary and structures. Each chapter deals with a number of grammatical points and different ways of communicating both orally and in writing. The contents page at the beginning of the book will show you what you can expect from each chapter. In *Aufgeschlossen* you will find different types of activities covering all four skills: Listening, Speaking, Reading and Writing. Some activities you will tackle by yourself, others are pair work and sometimes you will be asked to work in small groups.

The chapters each contain the following elements:

Hörtexte

There are generally three listening texts on cassette for each chapter, sometimes more, depending on the subjects covered. Many of these recordings are taken from authentic sources. In the Student's Book there are exercises which will help you to exploit and to learn the language which you have just encountered.

Lesetexte

Generally you will find several authentic reading texts in each chapter. Most reading texts have key vocabulary pointed out to help with comprehension. A dictionary will be necessary to find any other words that are not listed. The texts have exercises which will help you to exploit and learn vocabulary and grammatical structures.

Grammatik

These sections draw attention to an important grammatical structure which occurs within texts in a particular chapter which you are studying. Examples from texts are given, together with a translation. For a more detailed explanation of the structure, turn to the Grammar section at the end of the book.

Grammatik zum Üben

Here you will find exercises which will reinforce your understanding of the grammar. You will also find references to grammar worksheets, **G6.1** **Grammatik Extra** for further practice. These worksheets are in the Teacher's Resource Book.

Lerntipp

Each chapter contains Lerntipps which deal with certain study skills and, where appropriate, provide practice. For more in-depth information on those study skills, turn to the section on developing study skills at the end of the book.

Kommunikationsziele

In each chapter we deal with oral and written communication. You can see from the introductory pages which communication skills you will be practising in each chapter.

Helpful sections of advice on language learning and the way to tackle your examinations follow the main chapters in the **Developing Study Skills** section. These include Listening, Speaking, Reading, Writing, coursework and Dictionary skills.

The **Grammar** section is set out clearly with examples, explanations and exceptions.

Everything in the chapters is reinforced with extra work from the **Teacher's Resource Book**, which contains photocopiable masters of reading and listening texts, transcripts of the tapes and keys to the exercises. There are also further listening texts on cassette which can be used in class or for homework.

Language-learning is an enjoyable and worthwhile experience, but it involves considerable hard work. With *Aufgeschlossen* we hope that you will enjoy your German course and that you will be successful.

Viel Glück!

Martina Esser   Ted Neather
Michael Spencer   Alan Wesson

Deutschland, Österreich und die Schweiz

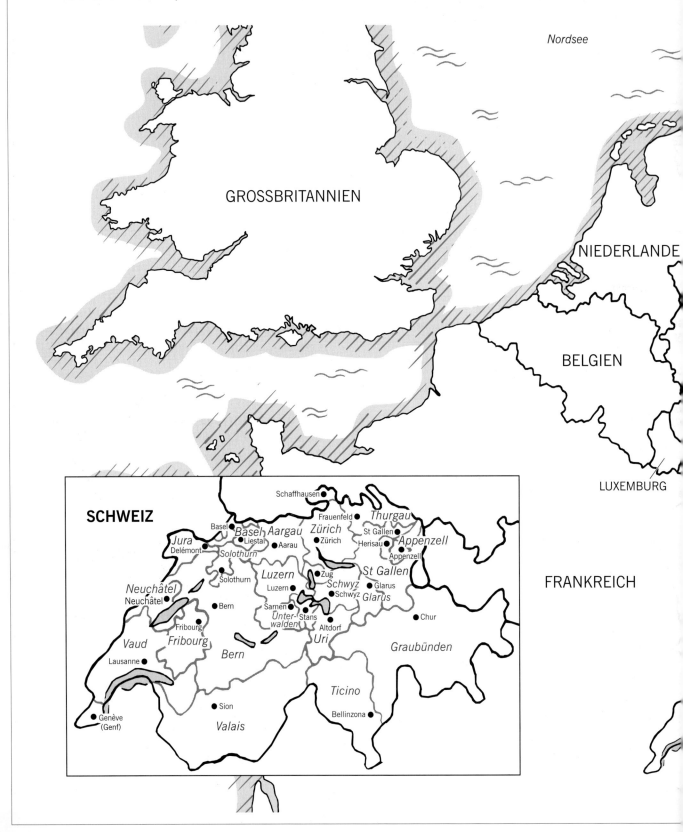

Nordsee

GROSSBRITANNIEN

NIEDERLANDE

BELGIEN

LUXEMBURG

FRANKREICH

SCHWEIZ

Schaffhausen

Frauenfeld *Thurgau*

Basel *Basel* *Aargau* *Zürich* St Gallen

Jura ●Liestal ●Aarau ●Zürich Herisau *Appenzell*

Delémont *Solothurn* Appenzell

●Solothurn *Luzern* ●Zug *St Gallen*

Neuchâtel Luzern *Schwyz* ●Glarus

Neuchâtel● ●Bern Sarnen Schwyz *Glarus*

Stans *Unter-*

Fribourg ●Fribourg *walden* Altdorf ●Chur

Vaud *Fribourg* *Bern* *Uri* *Graubünden*

●Lausanne

Ticino

●Sion Bellinzona●

●Genève

(Genf) *Valais*

Kiel

Ostsee

Schleswig-
Holstein

Rostock

Mecklenburg-
Vorpommern

Hamburg

Schwerin

Bremen

Niedersachsen

Brandenburg

POLEN

Sachsen-
Anhalt

Berlin

Potsdam

Hannover

Magdeburg

hein-Westfalen

Leipzig

seldorf

Sachsen

Erfurt

Dresden

ön

Hessen

DEUTSCHLAND

Thüringen

Chemnitz

Wiesbaden

land-
lz

Frankfurt

Mainz

TSCHECHISCHE
REPUBLIK

arbrücken

Nürnberg

Bayern

Stuttgart

Baden-
Württemberg

Niederösterreich

SLOVAKIEN

Linz

Wien

München

Oberösterreich

St Pölten

Salzburg

Eisenstadt

Bregenz

ÖSTERREICH

Tirol

Salzburg

Steiermark

Burgenland

UNGARN

Vorarlberg

Innsbruck

Graz

Osttirol

SCHWEIZ

LIECHTENSTEIN

Lienz

Kärnten

Klagenfurt

ITALIEN

SLOWENIEN

The authors and publisher would like to thank the following for their involvement in this book: Susan Eaglen for help and advise with the chapters 1-4, Renate Helmley, students of Theodor Heuss Hauptschule in Erftstadt Germany, Albert Esser, Familie Bucher and Wolfgang Friedrich for their interviews.

The authors and publisher would like to thank the following for the use of copyright materials:

Barmer magazine – for "Fit mit Low-Fett-30" and "Generation im Dauerstress", *Barmer* 3/98, on pages 65 and 70. BRIGITTE / 19/97 / Picture Press – for article "Allein mit Kind" from *Brigitte* 19/97, on page 53. C. C. Buchners Verlag – for extracts from *Unser Weg in die Gegenwart*, 1984, on pages 134 and 136. Droemer Knaur – for "Oh Deutschland, wie bist du zerrissen" on page 124. Ebner Verlag – for extract from *Bitte zu Tisch* by Margarete Kalle, 1958, on page 18. *Frau im Spiegel* – for articles "Leiden die Kinder berufstätiger Mütter?" n° 42, 9/10/97, on page 14, "Arbeitslos und einsam – was kann ich tun?" n° 36, 31/7/97, on page 48, and "Alte auf dem Vormarsch", 6/5/98, on page 57. *Freudin Magazine* – for "Mehr Geld für Frauen!" from Freudin 15/98, on page 100. Inter Nationes – for "Suzanne über ihre Familie" on page 10, "Was erwarten deutsche Jugendliche von ihrer Zukunft?" on page 38, "Jugendliche über Zukunftsprobleme" on page 40, "Corinna über vegetarisches Essen" on page 67, "Drei Schüler über Ausbildung und Berufsschule" on page 84, "Abitur"on page 86. Internet sites – http://www.bw-tips.de for "Die Bewerbung" on page 93 and the *Lerntipp* on pages 94-95; http://www.bmv.de/bussgeld.htm on page 114; http://www.best-link.de/firma/news/vergleich/vergleich.html on page 116; http://www.carsharing.org.german/howl.html on page 118. *JUMA Magazine* – for text "Was ist Jugend" and "Taons, Simon & Simone" from *Juma* 3/97 on pages 34 and 35. *Kleine Zeitung* – for "Radarwarnung per Radio" on page 115. *Kölnische Rundschau* – for article "Staatliche Heroinabgabe strikt abgelehnt" from *Kölnische Rundschau* n° 169, 24/7/97, on page 46. ÖAMTC – for text on page 118. Peter Hammer Verlag – for poem from *Bundesdeutsch – Lyrik zur Sache Grammatik*, edited by Rudolf Otto Wiemer (Hg.), on page 88. Reinhard Mey/Intercord Tonträger GmbH – for song on page 99.

Rowohlt Verlag – for extract from *Gesammelte Werke*, by Kurt Tucholsky, © 1960 by Rowohlt Verlag, Reinbek, on page 32. [*Kurt Tucholsky wurde 1890 geboren. Schon 1907 erscheinen (anonym) seine ersten Arbeiten in einer Berliner Satire-Zeitschrift, 1912, „Rheinsberg. Ein Bilderbuch für Verliebte". 1915 schließt er sein Jurastudium mit Promotion ab. Im selben Jahr muß er als Soldat des Ersten Weltkrieges ins Baltikum. Nach Kriegsende arbeitet er als Essayist, Lyriker, Chansonschreiber, Journalist, Redakteur und freier Publizist für verschiedene Zeitschriften. 1924 geht Tucholsky als Korrespondent für die „Weltbühne" und die „Vossische Zeitung" nach Paris, 1926 zurück nach Berlin. 1930 zieht er nach Schweden, 1931 erscheint seine berühmte Sommergeschichte, „Schloß Gripsholm". 1933 verbrennen die Nationalsozialisten Tucholskys Bücher, er wird ausgebürgert. Am 21. Dezember 1935 nimmt Tucholsky sich das Leben. (Tucholsky, der von sich selber sagte, er habe Erfolg, aber keinerlei Wirkung, wird seit jeher geliebt und verehrt; zugleich is er – als zorniger Ankläger von Machtmißbrauch und Militarismus – nach wie vor heftig umstritten und immer noch hochaktuell.)*]

Societätsverlag – for extracts from *Tatsachen über Deutschland* on pages 37, 106 and 134. *Stern* – for text "Konsum mit Kontrolle" on page 43. Suhrkamp Verlag for the poem by Bertolt Brecht on page 56. *Tina Magazine* – for articles "Bier" and "Reisen auf die sanfte Tour", from *Tina* n° 36, 26/8/98, on pages 20 and 31. *Tip Magazine* – for article "Umfrage in Deutschland" on page 23. *Welt am Sonntag* – for extracts on pages 90 and 91.

The authors and publisher would also like to thank the following for permission to reproduce photographs:

Arcaid – photo by Richard Bryant (cover photo). Corbis Photo Agency – Corbis/Hulton-Deutsch Collection on page 56, Corbis/Bettmann on page 122, Corbis on page 128, Corbis/Yevgeny Khaldei on page 134. David Simson – for photos on pages 47, 48 and 57. *Fit for fun Magazine* – for illustration from *Fit for fun* 4/98, on p. 64. Goethe-Museum, Düsseldorf – for Goethe portrait on pages 16 and 112. John Birdsall Photography – www.JohnBirdsall.co.uk, on pages 41 and 43. Siemens AG Oesterreich – photo on page 111 supplied by the Siemens Transportation System. SOA Photo Agency – © Keute/SOA, on page 108.

Jugendliche in der Familie von heute

Inhalt

Kommunikationsziele

- ausdrücken was man mag und nicht mag
- über Beziehungen sprechen
- über Unterschiede sprechen

„ Die Familie ist uns wichtig, besonders in der Kinder- und Jugendzeit. Wie vieles andere, so sind auch die Strukturen der Familie ständigen Veränderungen unterworfen. Heutzutage genügt die Schablone der so genannten traditionellen Familie nicht mehr, um die Vielfalt der möglichen Familienkonstellationen zu beschreiben. "

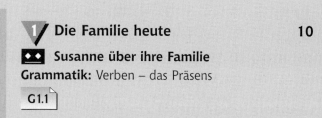
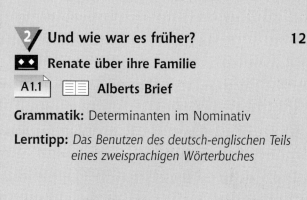

THEMA 1
Die Familie heute

Heute sind die Familienstrukturen etwas anders als früher. Aber wie schon immer haben Jugendliche teils gute, teils komplizierte Beziehungen zu ihren Familienmitgliedern.

▷ Susanne über ihre Familie

Susanne aus Sangerhausen in Deutschland spricht zuerst über ihr Verhältnis zu ihrer Schwester und dann über die Beziehung zu ihren Eltern.

die Spannung (-en) tension
verschiedene Ansichten different opinions
in jeglicher Art in every possible way
die Meinungsverschiedenheit (-en) difference of opinion
viel losmacht lots of get up and go
viel Fez macht larks around
ein gutes Verhältnis zu jemandem haben to have a good
    relationship with somebody
es herrscht... sehr große Toleranz there's a lot of tolerance
Probleme gemeinsam lösen [we can] solve problems together
wenn ich es einrichten kann if I can manage it

❶ ◆◆ Hören Sie sich „Susanne über ihre Familie" an. Bringen Sie dann die folgenden Stichworte in die Reihenfolge, in der Susanne über diese Themen spricht:

a Wohnort
b Meinungsverschiedenheiten
c Schwester
d Verhältnis zu den Eltern
e Kinder

❷ Lesen Sie die folgenden Aussagen durch. Sind sie richtig oder falsch?
Verbessern Sie die falschen Aussagen.

a Susanne und ihre Schwester haben ähnliche Ansichten.
b Susannes Schwester ist sehr ruhig und bleibt gern zu Hause.
c Es gibt sehr selten Spannungen.
d Susanne findet es schön, dass die klassische Familie nicht tot ist.
e Susanne möchte keine Kinder, weil sie Großfamilien schrecklich findet.

Wir verstehen uns wirklich prima!

❸ Gruppenarbeit. Arbeiten Sie in Dreiergruppen und beantworten Sie die folgenden Fragen. Versuchen Sie so viele Vokabeln / Worte wie möglich aus Susannes Rede zu gebrauchen.

a Was für Hobbys und Interessen hast du?

b Was für Hobbys und Interessen haben deine Geschwister?

c Mit wem kommst du am besten aus?

d Gibt es manchmal Spannungen in der Familie?

e Wer macht viel Fez in eurer Familie?

f Wenn du eine Schwester / einen Bruder hast, habt ihr den gleichen Geschmack (Klamotten, Musik, ausgehen, usw.) und die gleichen Interessen?

g Hast du ein gutes Verhältnis zu deinen Eltern?

h Kommst du besser mit deinem Vater oder mit deiner Mutter aus?

❹ Zum Schreiben. Beschreiben Sie in ungefähr 50 Wörtern, wie Sie sich die ideale Familie vorstellen.

GRAMMATIK
Seiten 157–158, § 5.2   G1.1

Verben – das Präsens

Auf Englisch gibt es drei Formen des Präsens, zum Beispiel: *I eat / I am eating / I do eat.*

Auf Deutsch werden alle drei durch dieselbe Form ausgedrückt: **ich esse**.

1 Regelmäßige Verben
Ich **wohne** in Sangerhausen.
*I **live** in Sangerhausen.*
Sie **studiert** in Leipzig.
*She **is studying** in Leipzig.*

2 Unregelmäßige Verben
Monika **sieht** ihren Vater zweimal in der Woche.
*Monika **sees** her father twice a week.*
Triffst du dich auch oft mit deiner Verwandtschaft?
*Do you often **meet** your relations?*

ZUM ÜBEN

Lesen Sie den Auszug aus diesem Brief von einer deutschen Teenagerin. Füllen Sie die Lücken aus.

Beispiel: 1 heiße

Ich __1__ Monika und bin 16 Jahre alt. Ich __2__ mit meiner Mutter und ihrem Freund. Ich __3__ ihn nicht sehr gerne, aber wir __4__ uns nicht oft. Für mich __5__ wichtig, dass meine Mutter jetzt glücklich ist! Als mein Vater noch bei uns wohnte, war das anders. Jetzt __6__ mein Vater und mein Bruder am anderen Ende der Stadt und ich __7__ sie zweimal in der Woche. Ich __8__ ein gutes Verhältnis zu meinen Eltern und nun auch zu meinem Bruder. Seit wir nicht mehr zusammen wohnen, __9__ es auch keinen Krach mehr. Ich besuche meinen Vater und meinen Bruder gerne, aber ich __10__ froh, dass ich bei meiner Mutter lebe, denn mit ihr __11__ ich alle Probleme besprechen.

leben
ist
besuche
kann
bin
wohne
sehen
habe
gibt
heiße
mag

THEMA 2

Und wie war es früher?

Es ist auch interessant zu erfahren, wie es früher in Familien zugegangen ist. Haben Ihre Eltern oder Großeltern schon einmal aus ihrer eigenen Jugend erzählt?

▷ **Renate über ihre Familie**

Renate erzählt, wie es in den späten dreißiger und in den frühen vierziger Jahren zugegangen ist.

> **starb** (*verb*: **sterben**) died
> **absonderte** (*verb*: **absondern**) isolated [her]
> **die Ansicht (-en)** opinion
> **versteift** rigid
> **beneidete** (*verb*: **beneiden**) envied
> **verschickt** (*verb*: **verschicken**) [here] evacuated
> **das Lager (-)** camp
> **betreut** (*verb*: **betreuen**) looked after
> **sich selbst überlassen** left to their own devices
> **damit fertig werden** to come to terms with
> **der Einzelgänger (-)** loner
> **verband** (*verb*: **verbinden**) had in common

❶ ◆◆ Hören Sie sich „Renate über ihre Familie" an. Benutzen Sie den Vokabelkasten zum Verständnis! Lesen Sie die folgenden Aussagen durch. Sind sie richtig oder falsch? Verbessern Sie die falschen Aussagen.

a Renate lebte nicht mit ihren Geschwistern zusammen.

b Ihre Mutter hatte moderne Ideen.

c Renate wurde wegen der Bombenangriffe verschickt.

d Offensichtlich gab es sehr wenige oder sogar keine Kindergärten für die Kinder arbeitender Mütter.

e Renate war gern und oft in der Tanzschule.

❷ Lesen Sie nun den folgenden Text und füllen Sie die Lücken aus.

Ich lebte ein bisschen abgesondert von meinen ___1___ . Während sie Onkel, Tanten und Kusinen hatten, hatte ich ___2___ , ___3___ und ___4___ . Unser ___5___ war von dem meiner Freundinnen ganz unterschiedlich und ich fühlte mich schon etwas ___6___ . Vor allem, weil meine Mutter nicht mehr so ___7___ war. Ich fühlte mich unverstanden, weil niemand ___8___ Interesse für mich und meine Probleme hatte.

> Schwager
> besonderes
> jung
> Freundinnen
> Neffen
> abgesondert
> Nichten
> Lebensstil

▷ **Alberts Brief**

▤▤ Albert hat in alten Tagebüchern und Briefen gelesen und dabei den Durchschlag eines Briefes an seinen amerikanischen Brieffreund über seine Familie gefunden. Er war damals 17 Jahre alt.

A1.1 ▷

GRAMMATIK Seiten 149–150, § 1.2–1.4

Determinanten im Nominativ

Wenn man ein *ganz bestimmtes* Substantiv meint, und dieser Gegenstand das Subjekt des Satzes ist, benutzt man den *bestimmten* Artikel im Nominativ: **der / die / das**.

Wenn man *irgendeinen* Gegenstand meint, einen unbekannten oder unbestimmten, und dieser Gegenstand das Subjekt des Satzes ist, benutzt man den *unbestimmten* Artikel im Nominativ: **ein / eine / ein**.

Ich war also fast wie **ein** Einzelkind.
*So I was almost like **an** only child.*

Die Schwiegertochter möchte wieder arbeiten.
***The** daughter-in-law would like to work again.*

ZUM ÜBEN

Füllen Sie die Lücken mit Determinanten im Nominativ aus.

a ___ Bahnfahrt in die Schule dauert 15 Minuten.

b Renate war ein bisschen ___ Einzelgänger.

c ___ Freund war für Renate damals ziemlich tabu.

d ___ Lebensstil von Renates Mutter entsprach nicht dem eines jungen Menschen.

e ___ Freundinnen von Renate wurden oft wegen der Bombenangriffe verschickt.

f ___ arbeitende Mutter war zu dieser Zeit eine Seltenheit.

g ___ Schule war für Renate natürlich nur halbtags.

LERNTIPP

Das Benutzen des deutsch-englischen Teils eines zweisprachigen Wörterbuches

Seiten 145–146

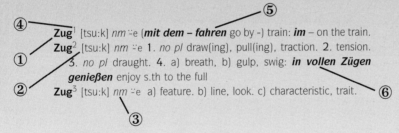

Zug¹ [tsuːk] *nm* ⁓e (*mit dem – fahren* go by -) train: *im* – on the train.
Zug² [tsuːk] *nm* ⁓e 1. *no pl* draw(ing), pull(ing), traction. 2. tension. 3. *no pl* draught. 4. a) breath, b) gulp, swig: *in vollen Zügen genießen* enjoy s.th to the full
Zug³ [tsuːk] *nm* ⁓e a) feature. b) line, look. c) characteristic, trait.

Sehen Sie sich die nummerierten Teile des Eintrags an und wählen Sie für jeden Teil einen der Sätze unten aus:

a Die internationale Lautschrift zeigt, wie man das Wort ausspricht.

b Das Wort hat verschiedene Bedeutungen.

c Die Wörter in Klammern geben Infos über bestimmte Wendungen für jede Bedeutung des Wortes.

d Das fett gedruckte Wort ist das Hauptwort.

e Diese Abkürzung sagt, was es für ein Wort ist (z.B. Verb, Substantiv, usw…) und gibt noch einige Infos darüber (z.B. das Geschlecht eines Substantives).

f Das gibt idiomatische Wendungen des Wortes an.

Probleme, wenn Eltern arbeiten

Schlüsselkinder sind einsam, sehen zu viel fern und sind total vernachlässigt!
Nur Rabenmütter lassen ihre Kinder alleine und gehen zur Arbeit!
Es ist die Aufgabe der Mutter die Kinder zu erziehen und den Haushalt zu machen! Oder?

Leiden die Kinder berufstätiger Mütter?

Nach der Babypause möchte meine Schwiegertochter (28) unbedingt wieder als Werbetexterin in einer Agentur arbeiten. Ich finde das ziemlich egoistisch, aber mein Sohn (32) hat nichts dagegen. Sie wollen sich zuerst eine Tagesmutter nehmen, später kommt das Kind in den Ganztagskindergarten. Nun meine Fragen: Wird mein kleiner Enkel (3) keinen Schaden nehmen, wenn er mehrere Bezugspersonen hat, und besteht nicht die Gefahr, dass er sich von den Eltern entfremdet? Vielleicht bekommt er auch einen psychischen Schaden oder wird ein schlechter Schüler. Wie sehen Sie das?

Ingeborg W.

Louise Simon antwortet:

Da kann ich Sie beruhigen, liebe Frau W.: Kinder leiden viel mehr unter einer unzufriedenen Mutter, die nur ungern zu Hause ist, als unter einer berufstätigen, die sich den ganzen Tag auf ihr Kind freut. Es schadet Ihrem Enkel auch nicht, mehrere Bezugspersonen zu haben, im Gegenteil. Er wird dadurch flexibler und selbstbewusster. Auch eine

Entfremdung brauchen Sie nicht zu befürchten: Oft ist die Beziehung von Kindern zu ihren berufstätigen Eltern sogar besonders innig, weil sie die gemeinsame Zeit in vollen Zügen genießen. Im Ganztagskindergarten wird ihr Enkel soziales Verhalten lernen, selbstständig werden und schöne Freundschaften mit anderen Kindern schließen. Das ist dann später in der Schule sogar von großem Vorteil. Also machen Sie sich bitte keine Sorgen, liebe Frau W. Wenn auch Sie Ihrem Enkel noch Zeit und Liebe schenken, kommt er mit Sicherheit in keiner Weise zu kurz.

FRAU im Spiegel

Seiten 145–146

Das Benutzen des englisch-deutschen Teils eines zweisprachigen Wörterbuches

Schlagen Sie das unterstrichene Wort aus jedem Satz im Wörterbuch nach und schreiben Sie die richtige deutsche Übersetzung auf. Danach übersetzen Sie die ganzen Sätze ins Englische. Achtung! Schlagen Sie die Bedeutungen der Wörter auch im deutsch-englischen Teil des Wörterbuches nach.

1 Besteht nicht die Gefahr… ?
2 Da kann ich Sie beruhigen…
3 Also machen Sie sich bitte keine Sorgen…
4 … weil sie die gemeinsame Zeit in vollen Zügen genießen.
5 … die sich den ganzen Tag auf ihr Kind freut.

• Werbetexterin   advertising copy-writer

❶ ▤ Lesen Sie den Text über berufstätige Mütter. Finden Sie die folgenden Wörter und Phrasen im Text.

a childminder
b full-time, pre-school kindergarten
c people to whom [the child] relates
d psychological damage
e suffer from having a discontented mother

f more confident
g especially close
h independent
i of great advantage
j he'll not in any way get a raw deal

❷ Bringen Sie die passenden Satzhälften zusammen.

Beispiel: a 3

a Die Schwiegertochter von Frau W....
b Der Sohn von Frau W....
c Frau W. selbst...
d Frau W. befürchtet, dass...
e Louise Simon...
f Louise Simon sagt, dass...
g Soziales Verhalten kann der Enkel...
h Louise Simon sagt zu Frau W., ...

1 ... hat nichts dagegen.
2 ... es nicht schadet, wenn ein Kind mehrere Bezugspersonen hat.
3 ... möchte nach der Babypause wieder arbeiten.
4 ... findet das egoistisch.
5 ... im Ganztagskindergarten lernen und Freunde finden.
6 ... beruhigt Frau W.
7 ... dass sie sich keine Sorgen machen soll.
8 ... ihr kleiner Enkel einen psychischen Schaden bekommen wird.

GRAMMATIK

Seite 169, § 7.5 G1.2

dass, weil, denn

Bei bestimmten Konjunktionen (z.B. **dass** und **weil**) muss man das Verb ans Ende des Satzes stellen. Aber Achtung! Bei **denn** bleibt das Verb an zweiter Stelle.

Ich hatte immer das Gefühl, **dass** meine Mutter recht altmodisch war.
I always had the feeling that my mother was really old-fashioned.

Es kommt oft zu Spannungen, **weil** wir verschiedene Ansichten haben.
Tensions often arise, because we have different views.

Die Kinder wurden sich selbst überlassen, **denn** die Schule war natürlich nur halbtags.
The children were left to themselves because school was of course only in the mornings.

ZUM ÜBEN

Schreiben Sie die folgenden Sätze zu Ende. Benutzen Sie die Informationen aus dem Text.

1 Ingeborg W. hat Angst, dass...
2 Louise Simon beruhigt Frau W., indem sie sagt, dass...
3 Es schadet dem Enkel nicht, mehrere Bezugspersonen zu haben, weil...
4 Auch eine Entfremdung ist nicht zu befürchten, weil...
5 Frau W. soll sich keine Sorgen machen, denn...

❸ Partnerarbeit. Lernen Sie Familie Wunderlich kennen. A1.2

❹ Zum Schreiben. Stellen sie sich vor, eine Freundin von Ihnen befindet sich in einer ähnlichen Lage wie die Schwiegertochter. Schreiben Sie ein paar Zeilen für sie, so dass sie besser informiert ist, wenn sie mit ihrer Schwiegermutter redet.

▷ Hausfrauen und Hausmänner

Nikolaus Bucher spricht über seinen Wunsch Hausmann zu sein.

sich um etwas / jemanden kümmern look after something / somebody	**die Last (-en)** [here] responsibility
vorbestimmt predetermined	**die Junggesellenzeit (-en)** bachelor days
der Konditormeister (-) confectioner	**verteilt** (*verb*: *verteilen*) apportion
die Nahrungsmittel (Pl.) foodstuffs	**die Brötchen nach Hause tragen** bring home the bacon / earn a living for the family
zumal especially	

❶ ◖▪▪◗ Hören Sie sich Nikolaus Bucher an. Sind die folgenden Aussagen richtig oder falsch? Verbessern Sie die falschen Aussagen.

a Nikolaus ist Hausmann.

b Er hat schon Erfahrung im Haushalt.

c Seine Frau kümmert sich um die Kinder.

d Nikolaus spielt nicht gerne mit seinen Kindern.

e Es wäre ein Problem für Nikolaus, wenn er die Lasten des Haushaltes mittragen müsste.

f Für Nikolaus wäre es problematisch, wenn seine Frau das ganze Geld für die Familie verdienen würde.

Kulturmagazin **1**

Johann Wolfgang von Goethe (1749-1832) war der bedeutendste deutsche Dichter. Was hat er eigentlich von seinen Eltern und Vorahnen geerbt? In diesem Gedicht spricht er davon.

> *Vom Vater hab' ich die Statur,*
> *Des Lebens ernstes Führen,*
> *Vom Mütterchen die Frohnatur*
> *Und Lust zu fabulieren.*
> *Urahnherr war der Schönsten hold,*
> *Das spukt so hin und wieder;*
> *Urahnfrau liebte Schmuck und Gold,*
> *Das zuckt wohl durch die Glieder.*
> *Sind nun die Elemente nicht*
> *Aus dem Komplex zu trennen,*
> *Was ist denn an dem ganzen Wicht*
> *Original zu nennen?*

Johann Wolfgang von Goethe

• Was ist, Ihrer Meinung von Johann Wolfgang von Goethe nach, die Bedeutung der letzten Frage?

• Goethe erklärt uns, was in ihm liegt, und wo diese Charakteristiken herkommen. Und Sie? Können Sie auch persönliche Merkmale auf diese Weise erklären?

2 Essen und Trinken – Das Traditionelle und das Neue

Inhalt

Kommunikationsziele

- vergleichen
- diskutieren
- jemanden überzeugen

,, Wir leben im „fast food"-Zeitalter und können Hamburger und Coca-Cola nicht mehr aus unserem Leben wegdenken. Man findet sie überall auf der Welt, wohin man auch kommt. Traditionelle Speisen und Getränke jedoch sind ein Teil der Kultur eines jeden Landes. Überall gibt es Spezialitäten, so auch in den deutschsprachigen Ländern. "

THEMA 1 / Das Süße

„Kaffee und Kuchen" ist in Deutschland Tradition. Viele Leute essen jeden Nachmittag ein Stück Torte.

▶ Nenne einen Konditormeister niemals einen Bäcker...

Nikolaus Bucher ist Konditormeister und arbeitet in Köln. Er spricht zuerst über den Unterschied zwischen einem Bäcker und einem Konditor. Dann spricht er über die Tradition von Kaffee und Kuchen in Deutschland.

❶ ▣▣ Hören Sie sich Nikolaus Bucher an. Welche englischen Wörter / Satzteile entsprechen den Deutschen?

a *mainly*

b *for daily use*

c *for special occasions*

d *to compare*

e *with similar tools*

1 vergleichen

2 mit ähnlichen Werkzeugen

3 hauptsächlich

4 für besondere Anlässe

5 für den täglichen Gebrauch

❷ Machen Sie eine Liste der Unterschiede zwischen Konditoren und Bäckern.

Bäcker	Konditoren
Brot	Torten

▶

Kuchen – Torten – Gebäck

Weihnachten bäckt jedermann, Ostern der reiche Mann, Pfingsten der Edelmann.

Diesen Spruch fand ich in einem Kochbuch aus dem Jahre 1890 und er ist bezeichnend für die damalige Zeit, als der Kuchen noch zu den wirklichen Leckerbissen gehörte. Die Hausfrauen mussten ja früher ihren täglichen Brotbedarf selbst backen und man kann sich vorstellen, dass deshalb zum Kuchenbacken nur wenig Zeit übrig blieb, zumal ja die Teigzubereitung viel Zeit und Mühe erforderte. Und was benötigte man nicht alles dazu!

Dort steht: Man nehme..., und dann folgen eine Unmenge teurer Zutaten, angefangen von der „guten Butter" über die teuren Gewürze bis zu 12 oder 15 Eiern. Wer aber konnte sich das damals schon leisten, als die Einkünfte weit niedriger waren als heute. Durch die Vielzahl der besonders guten Zutaten wurden Kuchen und Backwerk teuer, allerdings auch besonders schmackhaft und haltbar und sie konnten lange Zeit in dafür bestimmten Dosen oder Blechkästen aufbewahrt werden. Der Vorrat reichte dann oft von einem Festtag bis zum anderen.

Das Backen ist heute viel billiger und einfacher geworden bei den bequemen Gas- und Elektroherden. Man verwendet zum Backen einen guten „Butterersatz", die Margarine, und als Treibmittel in den meisten Fällen das Backpulver. Rezepte mit mehr als sechs Eiern sind eine Seltenheit, und mit einer Küchenmaschine ist das Rühren und Schlagen des Teiges nur noch ein Kinderspiel. In wirklich wenigen Minuten können Sie Plätzchen, Blitzkuchen, Waffeln, usw. auf den Tisch zaubern oder auch jederzeit bei Ihrem Bäcker und Konditor das gewünschte Backwerk haben.

Bitte zu Tisch, Margarete Kalle
©Ebner, Ulm/Donau 1958

der Spruch (⸗e) saying	**die Zutat** (-en) ingredient
bezeichnend characteristic, typical	**das Gewürz** (-e) spice
der Leckerbissen (-) delicacy	**haltbar** durable, keeps well
sich vorstellen (*sep.*) to imagine	**das Treibmittel** (-) raising agent
zumal especially	**zaubern** to conjure
die Unmenge (-n) vast number	

❶ ▦ Lesen Sie den Text „Kuchen – Torten – Gebäck" schnell durch. Welche der drei Aussagen ist laut Text richtig?

1 a Im 19. Jahrhundert backten nur Männer Kuchen.
 b Im 19. Jahrhundert machte der Bäcker den Kuchen.
 c Im 19. Jahrhundert backten nur die Hausfrauen.
2 a Damals brauchte man zum Kuchenbacken, nur wenige Zutaten.
 b Die Gewürze, die man brauchte, waren sehr teuer.
 c Man benötigte vor allem Eiweiß.

3 a Ein hausgemachter Kuchen hat sich gut gehalten.
 b Man hat den Kuchen unter dem Blechdach aufbewahrt.
 c Man backte nur zu Feiertagen.
4 a Heute backt man mehr Kuchen als vor 100 Jahren.
 b Küchenmaschinen machen die Arbeit in der Küche komplizierter.
 c Heutzutage kauft man Backwerk nur am Samstag.

GRAMMATIK

Seiten 150–151, § 1.8 **G2.1** ⟩

Pluralformen

Auf Englisch werden die meisten Pluralformen auf dieselbe Weise gebildet (man hängt ein „s" ans Ende des Wortes). Im Deutschen gibt es viele unterschiedliche Arten den Plural zu bilden. Es gibt zwar bestimmte Regeln, aber im allgemeinen sind die Formen auswendig zu lernen.

> Heute backt man mehr **Kuchen** als vor 100 **Jahren**. (*Einzahl*: Kuchen)
> *Today more cakes are baked than 100 years ago.*
> **Rezepte** mit mehr als sechs **Eiern** sind eine Seltenheit. (*Einzahl*: Rezept / Ei)
> *Recipes with more than six eggs are a rarity.*

ZUM ÜBEN

Lesen Sie den Text „Kuchen – Torten – Gebäck" noch einmal durch und entscheiden Sie sich, welche der folgenden Substantive in der Pluralform stehen.

Leckerbissen	Mühe	Gewürze	Dosen	Minuten
Hausfrauen	Unmenge	Einkünfte	Elektroherde	Waffeln
Brotbedarf	Zutaten	Backwerk	Rezepte	Konditor

❷ **Partnerarbeit.** Bringen Sie das Rezept in die richtige Reihenfolge. **A2.1** ⟩

❸ **Zum Schreiben.** Ihre Schule veranstaltet einen deutschen Tag und Sie organisieren ein typisch deutsches Café für Eltern und Mitschüler. Schreiben Sie 50 Wörter über die Tradition von Kaffee und Kuchen für die Speisekarte. Benutzen Sie Wörter und Satzteile aus „Nenne einen Konditormeister niemals einen Bäcker…" und „Kuchen – Torten – Gebäck".

Bier, ein traditionelles Getränk

Für viele Menschen bedeutet Bier ein Stück Lebensart. Mehr als 5 000 verschiedene, in Deutschland gebraute Biere stehen zur Wahl. Sie schmecken nicht nur, sondern sind auch gesund, da sie sehr viele Kohlenhydrate und Spurenelemente enthalten.

Bier

Bier schmeckt erfrischend gut, aber nur der richtige Umgang garantiert ein besonderes Trinkerlebnis.

Damit man zu Hause nicht vor einer schalen Flüssigkeit ohne Schaum und Kohlensäure sitzt, sollte man die folgenden Ratschläge beherzigen:

Lagern und kühlen
Bier muss nicht nur kühl, sondern auch dunkel aufbewahrt werden, denn Sonnenlicht und starke Temperaturschwankungen mindern den Geschmack erheblich. Wird das Getränk rasch erwärmt oder zu schnell gekühlt, nimmt seine Qualität deutlich ab. So sind der Kontakt mit heißem Wasser und ein Aufenthalt in der Tiefkühltruhe verboten! Beim Einkauf an warmen

Tagen muss der Bierkasten rasch aus dem Kofferraum genommen werden. Wenn die Flaschen zudem stehen und nicht länger als sechs Wochen lagern, schmeckt der Gerstensaft schön frisch. Die ideale Trinktemperatur liegt bei 7 bis 9 Grad und wird am besten im Kühlschrank erreicht. Warmes Bier ist schal, da die Kohlensäure schnell entweicht.

Reine Gläser
Damit auf dem Bier eine Blume entsteht, muss das Glas absolut fettfrei sein. Die kleinste Fettspur – es reicht bereits ein Fingerabdruck – zerstört die schäumende Krone!

Auch Spülmittelreste lassen die Blume rasch „verwelken". Die Gläser dürfen zudem innen nicht abgetrocknet werden, sie müssen abtropfen.

Zapfen und einschenken
Die meisten Biere lassen sich in ein schräg gehaltenes Glas einfach einschenken. Bei Weizenbier sollte man das Glas vorher mit kaltem Wasser ausspülen. Hält man es dann sehr schräg, kann es in einem Zug gefüllt werden. Geduldiger muss man dagegen beim Zapfen sein. Damit das Bier die Wandung entlang laufen kann, wird das Glas schräg unter den Hahn gehalten. Vor dem Nachzapfen muss sich der erste kräftige Schaum setzen. Falls sich keine feste Krone bildet, hält man sich an das Motto: Probieren geht über studieren! Während Altbier und Kölsch recht zügig zu zapfen sind, dauert es beim Pils etwas länger. Aber keinesfalls sieben Minuten, wie es die Legende behauptet, sondern höchstens drei. Wenn es zu langsam gezapft wird, geht sehr viel Kohlensäure verloren und das Bier schmeckt anschließend schal!

für die Frau von heute

---

der Umgang (*no pl.*) (here) treatment
schal flat (beer)
einen Ratschlag beherzigen to take the advice
  seriously
aufbewahren (*sep.*) to keep
mindern to lessen, to decrease
der Gerstensaft (-säfte) beer
die Blume auf dem Bier / die Schaumkrone (-n) froth

das Zapfen (-) drawing the beer from the barrel
schräg halten to hold at an angle
die Wandung (-en) inside of the glass
der Hahn (¨e) tap
probieren geht über studieren the proof of the
  pudding is in the eating!
keinesfalls under no circumstances

Seiten 141–143

LERNTIPP

Richtig Lesen

Um einen Text gut zu verstehen, durchläuft man am besten mehrere Stufen. Sehen Sie sich den ersten Absatz des Textes über Bier an und bringen Sie folgende Vorschläge in die richtige Reihenfolge.

a Schlagen Sie die Wörter, über deren Bedeutung Sie sich immer noch nicht sicher sind, im Wörterbuch nach.

b Sehen Sie sich den Text genauer an (*scanning*).

c Versuchen Sie jetzt, die Lücken Ihrer Textkenntnisse zu füllen, indem Sie die Bedeutung von unbekannten Wörtern erraten.

d Überfliegen Sie ein- oder zweimal schnell den Text, um einen flüchtigen Eindruck des allgemeinen Inhalts zu bekommen (*skimming*).

e Schreiben Sie die neuen Wörter, die Sie nachgeschlagen haben, auf und lernen Sie sie.

f Erraten Sie im Voraus soviel Sie können über den Text (zum Beispiel vom Titel, von dem, was Sie schon über den Inhalt wissen, usw.).

❶  Lesen Sie die Informationen über Bier. Welche Aussagen sind richtig und welche sind falsch? Verbessern Sie die falschen Aussagen.

a Bier schmeckt nur gut, wenn es richtig behandelt wird.

b Zu Hause kann man nur dann Bier trinken, wenn man den Schaum entfernt.

c Bier ohne Kohlensäure schmeckt besser.

d Sonnenlicht verbessert den Geschmack von Bier sehr.

e Temperaturschwankungen sind nicht gut für das Bier.

f Bier darf nicht mit heißem Wasser in Berührung kommen.

g Bier sollte möglichst in der Tiefkühltruhe aufbewahrt werden.

h Erst nach sechs Wochen schmeckt Bier so richtig gut.

i Am besten schmeckt Bier, wenn es 7 bis 9 Grad kalt ist.

j Fett und Spülmittelreste zerstören die Blume auf dem Bier.

k Mit Weizenbier muss man geduldig sein.

l Bier zapfen ist komplizierter als Weizenbier in ein Glas einzufüllen.

❷ **Gruppenarbeit.** Benutzen Sie Arbeitsblatt 2.2 und machen Sie eine Umfrage zum Thema „Trinkgewohnheiten". Sie sollen drei Personen fragen und alle Informationen auf dem Arbeitsblatt aufschreiben.

A2.2

GRAMMATIK

Seiten 159–160, § 5.2f

Modalverben

Modalverben werden meistens mit einem anderen Verb benutzt und machen ohne das andere Verb keinen Sinn. Sie sind in der ersten, zweiten und dritten Person im Singular unregelmäßig und schicken das andere Verb ans Ende des Satzes.

> Mit Weizenbier **muss** man geduldig sein. (*müssen*)
> *With Weizenbier you **must** be patient.*
> Wenn man eine Blume auf dem Bier **will**... (*wollen*)
> *If you **want** a head on the beer...*
> Es **kann** in einem Zug gefüllt werden. (*können*)
> *It **can** be filled in one go.*
> Die Gläser **dürfen** nicht innen abgetrocknet werden. (*dürfen*)
> *The glasses **should** not be dried inside.*

Andere Modalverben sind **mögen** und **sollen**.

ZUM ÜBEN

Lesen Sie den Text über Bier noch einmal durch und schreiben Sie alle Sätze mit Modalverben heraus: **müssen**, **sollen**, **dürfen**, **können**, **mögen** und **wollen**.

Beispiel: Hält man es dann sehr schräg, **kann** es in einem Zug gefüllt werden.

❷ **Partnerarbeit.** Sie befinden sich in der Kneipe und trinken ein Bier. Da setzt sich ein Bekannter / eine Bekannte zu Ihnen und verwickelt Sie in eine Diskussion pro und contra Bars und Kneipen. Benutzen Sie die Argumente auf Arbeitsblatt 2.3.

A2.3

❸ **Zum Schreiben.** Sie schreiben einen Brief an Ihren Freund / Ihre Freundin, in dem Sie einen Absatz einem der folgenden Themen widmen. Benutzen Sie Ihre eigenen Ideen und auch Arbeitsblatt 2.3. Schreiben Sie ca. 50–100 Wörter.

A2.3

a

> Sie glauben, dass er / sie zu viel Alkohol trinkt und zu oft in die Kneipe geht. Sie möchten ihn / sie davon überzeugen, dass das nicht gut ist.

b

> Ihr Freund / Ihre Freundin ist ein Moralapostel. Sie wollen ihn / sie davon überzeugen, dass Bars und Kneipen wichtig sind und Alkohol auch eine positive Wirkung haben kann.

Traditionelle und neue Speisen

Wer hätte das gedacht: Salat ist *der* Aufsteiger im Speiseplan. Unsere Großmütter ziehen die Stirn in Falten, ihre Essgewohnheiten sehen anders aus. „Salat: wer wird denn davon schon satt?"

„Umfrage in Deutschland"

Rasch ändern sich heute die Konsumgewohnheiten beim Essen. Eine Umfrage in Deutschland über 40 Speisen ergab: Salat wird immer beliebter. Er rückt immer mehr „vom Beilagenschälchen in die Mitte des Tellers". Die folgenden Plätze nehmen Vollwertgerichte, Gemüse, fleischlose Menüs und Teigwaren ein. Am Schluss der Rangliste: Braten, Gulasch, Haxen, Wild und Innereien.

Tip

ergab (*verb*: ergeben) gave the result	**der Gulasch** (*no pl.*) spicy stew originally from Hungary
rückt (*verb*: rücken) moves	
das Vollwertgericht (-e) wholefood dish	**die Haxe** (-n) leg of meat
die Teigwaren (*no sing.*) pasta	**das Wild** (*no pl.*) game
die Rangliste (-n) (here) list according to popularity of dish	**die Innerei** (-en) offal

❶ **Partnerarbeit.** 🗒 Lesen Sie den kurzen Text „Umfrage in Deutschland" schnell durch und besprechen Sie dann mit Ihrem Partner Ihre eigene Rangliste der Speisen, die Sie gern / nicht gern essen und warum. Vergleichen Sie Ihre Listen und Gründe mit einem anderen Paar, also in einer Viergruppe. Welche Unterschiede stellen Sie beim Vergleichen der Listen und Gründe fest? Welche Unterschiede können Sie zwischen Ihren eigenen Listen und der Rangliste der „Umfrage in Deutschland" feststellen?

GRAMMATIK

Seiten 152–153, § 2.6, 2.7   G2.2

Komparativ und Superlativ

Adjektive im Komparativ und Superlativ werden benutzt, um Sachen zu vergleichen. Bei vielen von ihnen hängt man „-er" ans Ende des Adjektivs und ändert den Stamm des Wortes. Es gibt aber viele unterschiedliche Arten sie zu formen.

Salat wird immer *beliebter*.
Salad is becoming increasingly popular.
Lieb**er** esse ich Spaghetti…
I prefer eating spaghetti…

… oder *am liebsten* esse ich Pizza.
… *or like eating Pizza best of all*.
Kölsch ist das *leckerste* Bier.
Kölsch is the most delicious beer.

▶ Essgewohnheiten vier junger Deutscher

Rene, Anja, Patrick und Sabine reden über ihre Lieblingsspeisen und -gerichte.

❶ ▪▪ Hören Sie sich die Kassette an. Wer sagt was? Übertragen Sie diese Tabelle auf
ein Blatt Papier und machen Sie einen Haken (✓) oder ein Kreuz (✗) in die
entsprechenden Kästchen.

	Brot	Gulasch	Pizza	Aufläufe	Milchreis	Leber	Spaghetti	dicke Bohnen
Rene	✓							
Anja								
Patrick								
Sabine								

❷ **Gruppenarbeit.** Besprechen Sie in kleinen Gruppen, welche der Lieblingsspeisen der
deutschen Schüler Gerichte sind, die Sie selber auch gerne essen und welche Sie gar
nicht gerne essen. Verwenden Sie die folgenden Redewendungen.

- Ich mag gerne…, weil…
- Ich esse auch…, aber ich esse lieber…
- Ich esse auch…, aber ich mag keinen / keine / kein…
- Ich esse am liebsten…

Kulturmagazin **2**

Manfred Hepperle, 1931 in Ravensburg geboren, studierte an der Akademie für
Bildende Künste in Stuttgart. Der selbstständige Graphik-Designer ist durch
kabarettistische Vorträge, Ausstellungen und Veröffentlichungen bekannt worden.

„Das Frühstück"

*Ich bin neugierig, gell, aber wann frühstücken Sie?
Ich beispielsweise stücke um halb acht Uhr schon
früh.
Kaffee, Brötchen nebst dem Ei eines Huhns,
dies fördert die Leistung, auch geistigen Tuns.
Man kann sich, wenn man's kann, auch dazu
bequemen,
diesen Imbiß gegen 10 Uhr erst zu sich zu
nehmen.
Leute mit Geld oder gar feinen Manieren
lassen sich's später an die Schlafstatt servieren.
Bei ihnen wird allerdings pompöser gedeckt:
Veilchentee, Kaviar, Fürstmetternichsekt.
Trotzdem, nur die Minderheit frühstückt so spät,
weils den Sinn sonst des Wortes völlig verdreht.*

*Denen, die den Morgen fast restlos verpennen,
sich spät oder gar nicht von den Bettfedern trennen,
wäre anzuraten das Wort Frühstück anders zu
deuten
und besser dem Diener zum Spätstück zu läuten.*

von Manfred Hepperle,
Es war einmal ein Uhu. 2. Teil
© Verlag G. M. Hepperle, Ravensburg

- Wo frühstücken die feinen Leute?
- Warum gibt es in der letzten Strophe ein Problem mit dem Wort „Frühstück"?

Inhalt

Kommunikationsziele
- jemanden überzeugen
- Rat geben
- ein Interview machen

,, **Beim Urlaub haben die Deutschen die Nase vorn. Rund 77,8 Milliarden Mark gaben die Bundesbürger 1997 im Ausland aus. In Sachen „schönste Zeit des Jahres" sind übrigens die deutschen Arbeitnehmer unter allen Europäern am besten dran: Sie haben im Durchschnitt 30 Tage Ferien pro Jahr, gefolgt von Finnland (26,9) und den Niederlanden (26,6). Die Franzosen haben nur 23,3 Ferientage, die Engländer sogar nur 20,8.** "

Politik/Journal für Deutschland

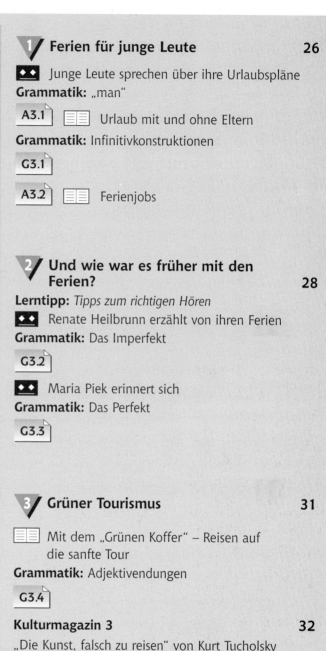

THEMA 1
Ferien für junge Leute

- Die meisten Jugendlichen verbringen ihre Ferien am liebsten mit Freunden…
- … mit oder ohne Eltern in den Urlaub fahren?
- Sommer, Sonne, Spaß und „Action" rund um die Uhr!
- Tolle Tipps für den perfekten Urlaub!

▶ Junge Leute sprechen über ihre Urlaubspläne

❶ ▦ Hören Sie Sabine, Oliver, Diana und Markus, die über ihre Urlaubspläne sprechen. Übertragen Sie diese Tabelle auf ein Blatt Papier und tragen Sie die Informationen ein.

Name	Wohin fahren sie?	Mit wem?	Betreut / Unbetreut?	Wann?
Sabine	Biblione / Feriendorf	3 Freundinnen	unbetreut	dieses Jahr

einsehen (*here:* eingesehen)   understood, saw her
  point of view
die Adria (no pl.)   the Adriatic sea
die betreute Jugendreise   supervised holiday for
  young people
endgut (*slang*)   great, fantastic
der Betreuer (-)   supervisor

❷ Hören Sie noch einmal zu. Wie sagt man Folgendes auf Deutsch?

a Boyfriends stay behind at home. But we won't cheat on them.
b So they'll let me go to the Adriatic with friends.
c I've already been there once, two years ago.
d That's how you really learn the language.

GRAMMATIK   Seite 156, § 4.5

„man"

Das Wort „man" (im Englischen *one* oder *you*) wird benutzt, um etwas Allgemeines auszudrücken.

> **Man muss** auch mal ohne Jungen Spaß haben!
> *You've ('One' has) also got to have fun without boys!*
> In der Gruppe **lernt man** sicher viele nette Leute kennen.
> *In the group **you** ('one') certainly get(s) to know lots of nice people!*

ZUM ÜBEN

Benutzen Sie das Wort „man", um die folgenden Sätze zu Ende zu schreiben.

1 Mit 16 Jahren darf…
2 In einem Club kann…
3 Mit 16 Jahren sollte…

4 In der Schule darf…
5 In einem Zug darf…
6 In der Schule muss…

❸ **Partnerarbeit.** Viele Eltern lassen ihre Kinder mit einer betreuten Reisegruppe alleine weg oder sie sehen ein, dass junge Leute auf eigene Faust unterwegs sein möchten. Andere müssen oder wollen sogar mit den Eltern reisen, möchten aber einen Urlaub, bei dem sie auch Spaß haben.

> A3.1

Jeder Partner bekommt ein eigenes Arbeitsblatt (3.1), in dem erklärt wird, wie man seine Eltern 'rumkriegen kann einen alleine wegfahren zu lassen.

Partner A

1 Lesen Sie den Text 1 „So kriegst du deine Eltern rum" auf Arbeitsblatt 3.1. Sind die folgenden Aussagen richtig oder falsch?
   a Ab 18 Jahren sind Ihre Eltern für Sie haftbar.
   b Mit 16 Jahren ist die Entscheidung, ob Sie mit Freunden oder mit den Eltern in Urlaub fahren, nur Ihre.
   c Eltern sind beruhigt, wenn es sich um eine betreute Jugendreise handelt.
   d Es ist besser, wenn Sie versuchen einen Teil des Urlaubs selbst zu bezahlen.
   e Sie sollten Ihren Eltern den Reiseplan nicht erklären.
   f Es ist wichtig, dass Sie Ihren Eltern die Freunde vorstellen, die mitfahren werden.
2 Notieren Sie die Hauptargumente, um Ihrem Partner später eine mündliche Zusammenfassung geben zu können.
3 Erklären Sie Ihrem Partner, was man laut Text tun kann, um seine Eltern rum zu kriegen einen alleine in Urlaub fahren zu lassen. Fangen Sie so an: Man kann…

Partner B

1 Lesen Sie den Text 2 „Mit den Eltern im Urlaub" über Urlaub mit den Eltern auf Arbeitsblatt 3.1. Sind die folgenden Behauptungen richtig oder falsch?
   a Ein Club als Reiseziel ist wünschenswert.
   b Im Club fühlt man sich nicht frei.
   c Es gibt im Club die Gelegenheit andere Jugendliche zu treffen.
   d Wenn Sie zelten gehen, müssen Sie ein eigenes Zelt haben.
   e Es ist besser, wenn man keinen Freund / keine Freundin mit in den Urlaub nimmt.
   f Ein eigenes Zimmer ist sehr teuer.
2 Notieren Sie die Hauptargumente, um Ihrem Partner später eine mündliche Zusammenfassung geben zu können.
3 Erklären Sie Ihrem Partner, was man laut Text tun kann, um auch im Urlaub mit den Eltern Spaß zu haben. Fangen Sie so an: Man kann…

GRAMMATIK

Seite 170, § 7.8 G3.1

Infinitivkonstruktionen

Wenn man zwei Verben zusammen (z.B. Modalverben oder das Futur) benutzt, **muss** man den Infinitiv eines zweiten Verbes ans Ende des Nebensatzes **stellen**.

Wer 16 Jahre alt ist, ist alt genug allein zu **fahren**.
*A 16 year old is old enough **to travel** alone.*

ZUM ÜBEN

Bringen Sie die Satzteile in die richtige Reihenfolge:

Beispiel: Sommer kann im schwimmen man gehen. = Im Sommer kann man schwimmen gehen.

1 Mit darf 16 Jahren fahren alleine man Urlaub in
2 Man mit Freundin eine sollte Urlaub in den nehmen
3 Jugendliche selber Teil einen sollten Urlaubs bezahlen des
4 In Club kann einem andere man treffen Jugendliche
5 Jugendliche wollen Eltern Viele in den Urlaub ohne fahren

❹ ▤ Auf Arbeitsblatt 3.2 stellen wir Ihnen acht Ferienjobs in Deutschland vor. Welche Jobinfos (Vor- / Nachteile und Bewerbung) rechts passen zum Ferienjob links?　　A3.2

THEMA

2 Und wie war es früher mit den Ferien?

Urlaub und Ferien, wie wir sie heute kennen, sind eine relativ neue Erscheinung. Früher konnten es sich nur sehr reiche Leute leisten in Urlaub zu fahren. Trotzdem hatten Kinder und Jugendliche viel Spaß in ihren Schulferien.

LERNTIPP

Tipps zum richtigen Hören

Seiten 140–141

Das Hörverständnis ist vielleicht die schwierigste Fertigkeit, die Sie sich aneignen müssen, um mit der deutschen Sprache richtig umgehen zu können. Hier sind einige Vorschläge, die Ihnen helfen werden. Sehen Sie sich die folgenden Punkte an und ordnen Sie sie ihrer Wichtigkeit nach.

1 Bevor Sie mit der Übung anfangen, lesen Sie sorgfältig die Anweisungen, um sicher zu sein, dass Sie alles verstehen, was Sie machen müssen.
2 Versuchen Sie die Bedeutung von ganzen Sätzen herauszufinden, indem Sie sorgfältig auf Schlüsselwörter achten.
3 Passen Sie darauf auf, wer spricht. In einem Dialog können Sie durch Wörter, die in der Frage zu hören sind, oft Hinweise auf die Antwort bekommen.
4 Versuchen Sie die Bedeutung von unbekannten Wörtern aus dem Kontext abzuleiten.
5 Versuchen Sie die Hauptaussage in einem bestimmten Satz zu identifizieren.

6   Denken Sie immer daran, was Sie schon auf der Kassette gehört haben und versuchen Sie zu erraten, was später erwähnt werden wird.

7   Achten Sie auf Wörter wie „dann", „aber", „andererseits", usw., die sowohl eine Idee als auch ein Thema einführen, oder eine andere Meinung ausdrücken können.

8   Versuchen Sie einen allgemeinen Eindruck des Themas der Hörübung zu bekommen.

9   Hören Sie die ganze Übung mindestens einmal durch, bevor Sie anfangen, Notizen zu machen.

10 Seien Sie sicher, dass Sie gut mit Verben, Pluralformen, usw. umgehen können (z.B. Haus – Häuser). Die Pluralformen lauten oft ganz anders als die Einzahlformen und können ein Hindernis zum Verständnis der Übung sein.

11 Hören Sie sich die deutsche Sprache so oft wie möglich an, z.B. Radio, im Fernsehen, oder besorgen Sie sich Kassetten mit deutschen Popsongs, die Ihnen gefallen!

▶ Renate Heilbrunn erzählt von ihren Ferien

Renate Heilbrunn wohnte während der Kriegsjahre in Berlin. Die Ferien verbrachte man am See etwa 30km von der Großstadt entfernt.

❶ ◀▶ Hören Sie sich die Kassette an und notieren Sie die Aktivitäten, die in ihrem Urlaub sehr beliebt waren.

❷ Nachdem Sie Renate Heilbrunn zugehört haben, schreiben Sie diese Sätze zu Ende.

a   Als kleines Kind konnte ich…

b   Wenn das Wetter schlecht war…

c   Zum Essen gab es öfters…

d   Ich weiß es nicht, wann ich…

e   Ein paar Mal machten wir Ausflüge…

f   Wir konnten manchmal auf dem See paddeln, weil…

g   Das größte Vergnügen im Winter…

GRAMMATIK	Seiten 161–162, § 5.4	G3.2 ▷

Das Imperfekt

Das Imperfekt benutzt man vor allem **beim Schreiben**, um eine Abfolge von Tatsachen auszudrücken, die in der Vergangenheit passiert sind. Die Formen der Verben „sein", „haben" und „werden" benutzt man auch **beim Sprechen** im Imperfekt.

Regelmäßige Verben
Man nimmt den Stamm, trennt das „-n" oder „-en" vom Infinitiv ab und hängt die passende Endung an.

> Ein- oder zweimal **machten** wir Exkursionen.
> *Once or twice we went on excursions.*

Unregelmäßige Verben
Bei unregelmäßigen Verben muss man den Stamm ändern und die passende Endung anhängen.

> Wenn wir **wegfuhren**…
> *Whenever we went away…*

ZUM ÜBEN

Hören Sie sich „Renate Heilbrunn erzählt von ihren Ferien" noch einmal an und notieren Sie die verschiedenen Formen der Vergangenheit der Verben.

Beispiel: sprang in den See

▶ Maria Piek erinnert sich

Maria Piek, eine im Jahre 1960 geborene Kölnerin, fuhr öfters mit ihrer Familie in die Schweiz.

❶ ◼◼ Hören Sie Marias Erzählung und beantworten Sie folgende Fragen.

a Warum war gerade diese Gegend der Schweiz das Urlaubsziel der Familie Piek?
b Wie kam man am Kaiseregg hoch?
c Warum war die Berra ein beliebter Ort für Spaziergänge?
d Warum hat Maria die Schweiz gewählt, als sie als Studentin einen Ferienjob suchte?
e Für wen arbeitete sie damals?
f Was kann man in dieser Gegend der Schweiz machen? Schreiben Sie eine Liste.

❷ Partnerarbeit. Erzählen Sie Ihrem Partner von einem Urlaub / einer Schülerreise, den / die Sie gemacht haben.

GRAMMATIK | Seiten 160–161, § 5.3 | G3.3 ▷

Das Perfekt

Das Perfekt wird **beim Sprechen** und **Schreiben** benutzt, um etwas auszudrücken, was in der Vergangenheit passiert ist oder angefangen hat. Man benutzt eine Form der Hilfsverben „haben" oder „sein" und das „Partizip Perfekt" des Verbes. Das Hilfsverb steht an zweiter Stelle im Satz und das Partizip Perfekt kommt ans Ende.

Regelmäßige Verben
Man nimmt den Stamm und hängt „ge-" an den Anfang des Wortes und „-t" oder „-et" ans Ende.

> ... wann ich es **ge**lern**t habe**, weiß ich nicht.
> *... when I learnt (to swim), I don't know.*
> Ich **hab'** hier eine Karte aus**ge**such**t**.
> *I've looked out a map here.*

Unregelmäßige Verben
Das Partizip Perfekt beginnt mit „ge-". Der Stammvokal des Partizip Perfekts kann einem bestimmten Muster folgen, jedoch müssen unregelmäßige Verben auswendig gelernt werden.

> Wir **sind** viel in der Schweiz **ge**wesen.
> *We have been to Switzerland a lot.*
> Ich **bin** immer gerne nach Freiburg **ge**fahren.
> *I have always liked travelling to Freiburg.*

ZUM ÜBEN

Schreiben Sie die folgenden Sätze mit den Verben in Klammern zu Ende. Benutzen Sie das Perfekt.

Beispiel: Ich viel Rad (fahren). = Ich bin viel Rad gefahren.

1 Wir damals immer in die Schweiz (fahren).
2 Meine Tante und mein Onkel kurz danach nach Berlin (ziehen).
3 Jeden Abend wir spazieren (gehen).
4 Wir ein Picknick (mitnehmen) und den Nachmittag auf der Heide (verbringen).
5 Mit 16 Jahren ich in einer Kneipe in Mainz (arbeiten).
6 Wir viel (schwimmen) und spazieren (gehen).

THEMA 3

Grüner Tourismus

Einige Hotels, Gasthäuser und Bauernhöfe haben schon ihren „grünen Koffer" bekommen.
Das ist das Gütesiegel für einen auf den Öko-Urlaub ausgerichteten Reisenden.
Lesen Sie die folgenden Informationen über den sanften Tourismus.

Mit dem „Grünen Koffer"

Reisen auf die sanfte Tour

Umwelt- und sozialverträglich soll Tourismus werden. Dieses Ziel hat sich der Verein „Ökologischer Tourismus in Europa (Ö.T.E.) e.V." auf seine Fahne geschrieben. Unterstützt wird er u.a. von der Deutschen Bundesstiftung Umwelt und von Verbänden aus den Bereichen Natur- und Umweltschutz. Als Gütesiegel für ökologischen Tourismus soll der „Grüne Koffer" eingeführt und an Reiseveranstalter, Fremdenverkehrsgemeinden und Hotels, Pensionen oder aber Bauernhöfe vergeben werden – sofern die Voraussetzungen stimmen: Recycling-Papier für Prospekte und Kataloge, umweltfreundliche Anreise / Ausflüge mit öffentlichen Verkehrsmitteln, Energie- / Wassersparmaßnahmen, Abfallrecycling und vieles mehr. Für Interessierte gibt es ein Info-Paket gegen Einsendung von 4,40 DM + 3 DM Porto (in Briefmarken) über Ö.T.E.

ÖTE.

tina *für die Frau von heute*

❶ Lesen Sie den Artikel und übersetzen Sie mit Hilfe eines Wörterbuches folgende Abkürzungen.

a e.V.
b u.a.

❷ Machen Sie eine Liste der umweltfreundlichen Bedingungen, die von den Wirten und Gastgebern erfüllt werden müssen.

GRAMMATIK

Seiten 151–152, § 2.1–2.4 | G3.4 ⇨

Adjektivendungen

Ein Adjektiv muss eine passende Endung haben, wenn es *vor* dem Substantiv steht, das es beschreibt. Wenn ein Adjektiv *nicht vor* einem Substantiv steht, hat es keine Endung.

Unterstützt wird er von der **Deutschen** Bundesstiftung Umwelt.
It is supported by the Federal German Environmental Foundation.
Als Gütesiegel für **ökologischen** Tourismus…
As a stamp of quality for ecological tourism…
Umwelt- und **sozialverträglich** soll Tourismus werden.
Tourism should be environmentally and socially friendly.

ZUM ÜBEN

Schreiben Sie aus dem Text „Mit dem *Grünen Koffer*" alle Adjektive heraus.

❸ Zum Schreiben. Sie sind sehr für den umweltverträglichen Urlaub. Deshalb möchten Sie einen Freund aus Zürich, mit dem Sie im Sommer nach Österreich fahren wollen, über E-Mail von einem umweltfreundlichen Urlaub überzeugen. Sie haben vor mit dem Zug nach Kirchberg zu fahren, um sich dort am Bahnhof mit Ihrem Freund zu treffen und Räder zu mieten. Benutzen Sie den Text oben, um Ihre Argumentation zu unterstützen. Benutzen Sie einige der folgenden Ausdrücke, um Ihren Freund zu überzeugen.

- Ich habe eine gute Idee…
- Was hältst du von…
- Das wird bestimmt toll, weil…

- Das ist auch billiger, denn…
- Das ist auch besser für die Umwelt, weil…

Kulturmagazin **3**

Kurt Tucholsky, 1890 geboren, veröffentlichte mit 17 Jahren sein erstes Werk. Im ersten Weltkrieg musste er als Soldat kämpfen. Nach dem Kriege arbeitete er als Chefredakteur. Im April 1924 wurde er Korrespondent der *Weltbühne* in Paris und besuchte Deutschland nur noch selten. 1929 wanderte er nach Schweden aus. Die Meinungen über sein Werk gingen weit auseinander. Manche liebten, andere hassten es. Er wurde von den Nazis gehasst, und seine Bücher wurden verbrannt. Am 21. Dezember 1935 beging Tucholsky Selbstmord.

„Die Kunst, falsch zu reisen"

Wenn du reisen willst, verlange von der Gegend, in die du reist, alles: schöne Natur, den Komfort der Großstadt, kunstgeschichtliche Altertümer, billige Preise, Meer, Gebirge – also: vorn die Ostsee und hinten die Leipziger Straße. Ist das nicht vorhanden, dann schimpfe…

In der fremden Stadt, mußt du zuerst einmal alles genauso haben wollen, wie es bei dir zu Hause ist – hat die Stadt das nicht, dann taugt sie nichts. Die Leute müssen also rechts fahren, dasselbe Telefon haben, wie du, dieselbe Anordnung der Speisekarte und dieselben Retiraden. Im Übrigen sieh dir nur die Sehenswürdigkeiten an, die im Baedeker stehen. Treibe die Deinen erbarmungslos an alles heran, was im Reisehandbuch einen Stern hat – lauf blind an allem anderen vorüber, und vor allem: rüste dich richtig aus. Bei Spaziergängen durch fremde Städte trägt man am besten kurze Gebirgshosen, einen kleinen grünen Hut (mit Rasierpinsel), schwere Nagelschuhe (für Museen sehr geeignet) und einen derben Knotenstock… Vergiß dabei nie die Hauptregel jeder gesunden Reise: Ärgere dich! Sprich mit deiner Frau nur von den kleinen Sorgen des Alltags. Koch noch einmal allen Kummer auf, den du zu Hause im Büro gehabt hast; vergiß überhaupt nie, daß du einen Beruf hast.

von Kurt Tucholsky, *Gesammelte Werke* © 1960 by Rowohlt Verlag, Reinbek

- Finden Sie diesen Ausschnitt ernst? Ironisch? Komisch?
- Was wäre Ihre persönliche „Hauptregel für eine gesunde Reise"?

Was ist uns wichtig?

Inhalt

Kommunikationsziele

- die eigene Meinung ausdrücken
- über Pläne sprechen

Stimmen junger Leute

Mit 56 Prozent gehört „auf Partys gehen" zur beliebtesten Freizeitbeschäftigung unter Jugendlichen, dicht gefolgt von „mal ganz für sich alleine sein". 53 Prozent sehen eher zuversichtlich in die Zukunft der Gesellschaft – 47 Prozent eher düster. Für über 65 Prozent zählt „das Leben genießen" zu den wichtigsten Werten.
Unter allen Organisationen bringen Jugendliche Umweltschutz- und Menschenrechtsgruppen das meiste Vertrauen entgegen.

THEMA 1

Jugend ist...

„.... die Zeit, in der der Mensch wächst und reift."

Der Sprach-Brockhaus von A–Z

Julia

Aaron

Ruth

▷ Was ist Jugend?

❶ Hören Sie sich Julia (18), Aaron (15) und Ruth (15) an. Was gehört hier zusammen?

Beispiel: a 2

a Julia ist glücklich, weil…
b Julia findet, dass…
c Sie denkt, dass Erwachsene weniger Freiraum haben, weil…
d Aaron würde lieber arbeiten…
e Er will später…
f Ruth stört, dass…
g Ruth ist der Ansicht, dass…

1 Erwachsene öfter auf Jugendliche hören sollten.
2 sie machen kann, was sie will.
3 als in der Schule Fächer zu lernen, die ihn nicht interessieren.
4 man als Jugendlicher nicht ernst genommen wird.
5 sie ihre Jugend genießen kann.
6 sie im Berufsleben stehen.
7 kreative Sachen machen.

❷ **Gruppenarbeit.** Machen Sie ein Brainstorming. Was bedeutet „Jugend" für Sie? Sortieren Sie Ihre Punkte in zwei Listen unter den Überschriften *Positiv* und *Negativ*!

Beispiel:

Negativ
• Probleme mit den Eltern

Positiv
• Zukunftsträume
• keine Verantwortung

GRAMMATIK | Seite 167, § 7.2 | G4.1 ➡

Satzordnung im Hauptsatz

In einem Hauptsatz steht das Verb normalerweise an zweiter Stelle.
Wenn andere Wörter am Anfang des Satzes stehen, steht das Subjekt des Verbs *nach* dem Verb.

Sie **kriegt** Geld von den Eltern.
She gets money from her parents
Vielleicht **haben** Jugendliche sogar manchmal die besseren Ideen.
Perhaps it is the young people who sometimes actually have the best ideas.
Man **hat** nicht so viele Sorgen.
People don't have so many worries.

➤ Drei Meinungen zum Thema

Taons, 16 Jahre

Die Jugend ist die Ausprobierphase im ....1.... . Man hat eine große Neugierde in sich, die alles wissen und ....2.... will. Als Erwachsener ist man alltäglicher und ....3.... . Das ist sehr schade, ich glaube, man verliert später viel von dem, was man als Jugendlicher hat. Wir Jugendliche haben noch das ....4.... von einer besseren Welt. Dass irgendwann die Welt gerechter wird und dass man noch etwas dafür tun kann. Ich fürchte, diese ....5.... verliert man, wenn man arbeiten gehen und Geld verdienen muss. Dann hat man keine ....6.... mehr zum Nachdenken. Als Jugendlicher habe ich die Zeit und die Neugierde. Ich kann über alles ....7...., was mir wichtig erscheint. Und ich finde vieles wichtig!

Simon, 17 Jahre

Jugendliche sind tolerant und ....8.... von Vorurteilen. Je älter man wird, desto intoleranter und ....9.... wird man. Man ist einfach von viel mehr Dingen belastet. Dafür haben Erwachsene eher Sinn für moralische Vorstellungen und ....10...., so wie Ehre oder Ehrlichkeit. Das ist für Jugendliche nicht wichtig. Jugendliche sind noch in kein Schema gepresst. Sie sind noch frei und ....11.... . Zu vielen Dingen haben sie auch noch keine feste Meinung.

Simone, 17 Jahre

In der Jugend weiß man noch nicht, was man will, was ....12.... aus einem wird. Das muss man erst herausfinden. Deswegen ist das Leben noch nicht so langweilig wie das von Erwachsenen. Die wissen schon, wer und was sie sind. Für die ist das Leben zur Gewohnheit geworden. Ich habe Spaß daran auszuprobieren, was ich mal werden kann. ....13.... gibt es manchmal Situationen, da weiß man genau, was man will und das nützt einem nichts. Zum Beispiel bei organisatorischen Dingen: Wenn ich in eine Bank gehe und ein ....14.... eröffnen will, kommt immer die Antwort: nur mit Hilfe der ....15.... . Das stört mich: Ich weiß genau, was ich will. Ich darf's aber nicht machen, nur weil ich ein bestimmtes Alter noch nicht habe.

JUMA

---

die Ausprobierphase (-n) trying-out period	**die Ehre (-)** honour
die Neugierde (*no pl.*) curiosity	**die Ehrlichkeit (*no pl.*)** sincerity
das Vorurteil (-e) prejudice	**etwas herausfinden (*sep.*)** to find out s.th.
moralische Vorstellungen (*pl.*) values	

❶ 🖹🖹 Lesen Sie die drei Meinungen von Taons (16), Simon (17) und Simone (17).
Welche Wörter aus dem Vokabelkasten unten gehören in die Lücken im Text?
Achtung, es gibt mehr Wörter als Lücken!

Beispiel: 1 Leben

Leben	Andererseits	Lust	Ideal	Zeit	langweiliger
frei	wünschen	Werte	egozentrischer	unbelastet	nachdenken
interessanter	später	Konto	Eltern	probieren	Ideale

❷ Wer sagt das, Taons, Simon oder Simone?

a Als Jugendlicher ist das Leben noch interessanter.

b In der Jugend hat man noch Ideale.

c Erwachsene sind egoistischer als Jugendliche und nicht mehr so tolerant.

d Es stört mich, dass man manche Dinge nur mit Hilfe der Eltern machen kann.

e Moralische Werte sind Jugendlichen unwichtig.

❸ Zum Schreiben. Was bedeutet Jugend für Sie persönlich? Schreiben Sie 100–150 Wörter. Benutzen Sie auch Vokabeln, Ausdrücke und Ideen aus den Texten oben.

GRAMMATIK

| Seiten 162–163, § 5.5 | G4.2 |

Das Futur

Man bildet das Futur mit dem Hilfsverb „werden" und dem *Infinitiv* des Verbs. Der Infinitiv kommt ans Ende des Satzes.

Ich **werde** etwas Kreatives **machen**.
I will do something creative.

Kulturmagazin 4

Rudolf Otto Wiemer wurde 1905 geboren. Ab 1925 war er als Lehrer tätig. Nebenbei engagierte er sich in der deutschen Jugendbewegung. Während des Zweiten Weltkriegs war er Soldat. Nach der Rückkehr aus amerikanischer Kriegsgefangenschaft wurde er im niedersächsischen Schuldienst tätig. 1967 ging er in den vorzeitigen Ruhestand. Seine schriftstellerische Arbeit begann früh mit kleinen Erzählungen und Gedichten. Bekannt wurde er durch seine experimentelle „Lyrik zur Sache Grammatik". 1998 starb er.

Für Rudolf Otto Wiemer besteht die Jugend aus lauter Fragen:

„fragendes fürwort"

wer bin ich	wann werde ich sagen ich bin
warum bin ich	woher wissen wie das ist
wie bin ich	wen fragen wie das sein wird
wo ich doch nicht so war	wohin gehen was zu werden
was bin ich geworden	wessen verlust gewesen zu sein
wie lange werde ich sein	warum geworden
wem werde ich was gewesen sein	warum nicht anders geworden
wie oft werde ich noch werden	wem sage ich das

von Rudolf Otto Wiemer, *Beispiele zur deutschen Grammatik*

• Haben Sie auch so viele Fragen über das Leben?

• Sind diese Fragen nur oberflächlich oder haben sie einen ernsteren Sinn?

THEMA 2 / Welche Erwartungen haben junge Leute an ihre Zukunft?

Wenn junge Menschen an die Zukunft denken, so geschieht das häufig mit gemischten Gefühlen: Träume, Hoffnungen, Erwartungen und Sorgen halten sich die Waage. Als junger Mensch sieht man sein Leben vor sich, mit unbegrenzten Möglichkeiten und Herausforderungen.

➤ Jugendliche in Deutschland

Fast jeder fünfte Einwohner der Bundesrepublik Deutschland ist jünger als 18 Jahre. Von den gut 15,7 Millionen Kindern und Jugendlichen in Deutschland hat etwa jedes Zehnte eine ausländische Staatsangehörigkeit. Etwa ein Drittel aller Einwohner, gut 27 Millionen, sind jünger als 27 Jahre. Für den weitaus größten Teil von ihnen haben sich im vergangenen Jahrzehnt die Lebenschancen und Zukunftserwartungen erheblich verbessert. Dies gilt für west- wie ostdeutsche Jugendliche. Insbesondere in Westdeutschland verfügen die meisten Jugendlichen über gute materielle Lebensgrundlagen. Ihre finanziellen Möglichkeiten sind so gut wie nie zuvor, und ihre Ausstattung mit Konsumgütern ist komfortabel. Niemals zuvor unternahmen junge Menschen so viele Reisen im Inland wie auch in das Ausland. So sind denn auch 95 Prozent der westdeutschen und 84 Prozent der ostdeutschen Jugendlichen mit dem Leben, das sie führen, zufrieden. Mit 72 Prozent blicken junge Ostdeutsche noch zuversichtlicher in die Zukunft als junge Westdeutsche.

Tatsachen über Deutschland
© Societätsverlag

❶ Lesen Sie den Text „Jugendliche in Deutschland" und finden Sie das Deutsche für die folgenden Ausdrücke.

a *one in five*
b *a good 27 million*
c *about a third*
d *for the great majority of them*

e *this applies to*
f *especially / particularly*
g *are better now than ever before*
h *never before*

❷ Sind die folgenden Behauptungen richtig oder falsch?

a Die Lebenschancen der jungen Deutschen haben sich verschlechtert.
b Materiell gesehen, leben junge Leute in Deutschland komfortabel.
c Im vergangenen Jahrzehnt haben sich die Erwartungen der jungen Deutschen verschlimmert.
d Die finanziellen Möglichkeiten der jungen Deutschen sind besser als zuvor.
e Die deutschen Jugendlichen reisen ungern.

❸ In welchem Zusammenhang werden die folgenden Zahlen erwähnt?

Beispiel: ein Zehntel = ein Zehntel aller Jugendlichen haben ausländische Staatsangehörigkeit

a ein Drittel   b 95%   c 84%   d 72%

➤ Was erwarten deutsche Jugendliche von ihrer Zukunft?

Obwohl jeder junge Mensch seine persönlichen Erwartungen an die Zukunft
hat, gibt es auch viele Hoffnungen, Spekulationen und Ansichten, die
heutzutage typisch sind unter Teenagern und immer wieder geäußert werden.

sich von etwas / jemandem lösen to free yourself from s.th. / s.o.	**sich (mit jemandem) länger befassen** to have more time with s.o.
der Wohlstand (*no pl.*) prosperity	**etwas beurteilen können** to be able to judge s.th.
erarbeiten to work for s.th.	**taugen** to be good enough for
aufbauen (*sep.*) to build, (here) to build a life	**die Atemschutzmaske (-n)** oxygen mask

❶ ◼◼ Hören Sie jetzt die Kurzantworten
fünf deutscher Jugendlicher auf die
Frage: Was erwartest du von deiner
persönlichen Zukunft? Welche
Meinungen und Absichten haben diese
Jugendlichen? Kopieren Sie die Tabelle
und füllen Sie sie aus.

	Karriere / Geld	Heirat	Kinder
Steffie	*ja, aber familienfreundlich*		
Stefan			
Mario			
Tim			
Susanne			

❷ Beantworten Sie die folgenden Fragen.

a **Steffie**: Was wünscht sich Steffie vor allem?
b **Stefan**: Was für Pläne hat Stefan?
c **Mario**: Was möchte Mario machen, ehe er eine Familie hat?
d **Steffie**: Was sagt Steffie zu dem Zusammenleben vor der Ehe?
e **Tim**: Warum hatte Tim früher Angst, Kinder in die Welt zu setzen?
f **Susanne**: Warum ist sie nicht sicher, ob sie wirklich so eine große Familie haben wird?
g Sind die Antworten dieser jungen Leute eher zuversichtlich oder pessimistisch?

GRAMMATIK	Seiten 153–154, § 2.8	G4.3 ➤

Possessive Adjektive

Bei possessiven Adjektiven (wie „mein/e", „dein/e", „sein/e", „ihr/e", usw.) muss man die passenden
Endungen hinzufügen. Man benutzt dieselben Endungen wie bei ein/e.

> **Meine** Prioritäten sind…
> *My priorities are…*
> Was wissen Sie über die Jugend in **Ihrem** Land?
> *What do you know about young people in your country?*

❸ **Gruppenarbeit.** Hören Sie sich das Interview noch einmal an. Arbeiten Sie in
Dreiergruppen. Hat jemand eine Antwort gegeben, die…

a … auch Ihren Wünschen entspricht?
b … Sie schwer akzeptieren können?
c … Sie vielleicht unmöglich finden?

THEMA
3

Welche Probleme birgt die Zukunft?

Es kann wohl wahr sein, dass die Jugend von heute mit ihrem materiellen Leben zufrieden ist, aber viele junge Leute haben eine eher kritische Einstellung zu den Problemen weltweit.

LERNTIPP

Ideen in einem Assoziogramm ausdrücken

Seiten 137–138

Assoziogramme sind eine nützliche Art, Vokabeln zu lernen. Man kann Wörter assoziieren, die auf eine bestimmte Weise verbunden sind (z.B. grammatisch, thematisch usw.). Man beginnt mit einem Substantiv und assoziiert Wörter und Gruppen von Wörtern, die mit dem Substantiv oder miteinander in kleineren Gruppen verbunden sind.

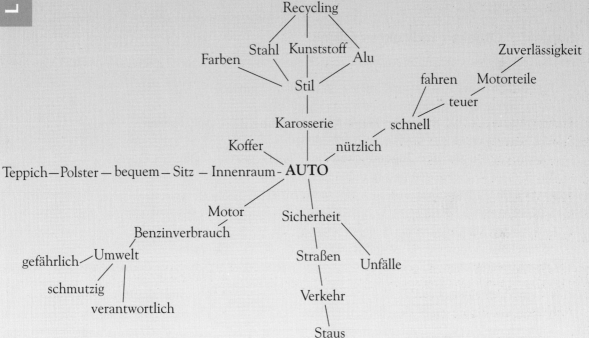

Jetzt sind Sie dran! Schlagen Sie die Wörter im Kasten unten in einem Wörterbuch nach. Schreiben Sie die Wörter zu diesem Thema in Form eines Assoziogramms auf, um sie besser lernen zu können.

die Dritte Welt	die Ozonschicht	die Wirtschaft
der Gegensatz	Tierarten	ein utopischer Traum
die Umwelt	ausgerottet (ausrotten)	geschont (schonen)
die Zerstörung	der Regenwald	gepflegt (pflegen)
der Meeresspiegel	abgeholzt (abholzen)	das Umweltbewusstsein
der Sauerstoff	der Umweltschutz	

▶ Jugendliche über Zukunftsprobleme

❶ ◼◼ Hören Sie nun, was Stefan, Corinna und Robert darüber sagen und stellen Sie fest, welche der folgenden Punkte erwähnt werden.

a Stefan spricht über…
1 die Dritte Welt
2 Klimaveränderungen
3 Pinguine
4 den Meeresspiegel
5 die Wirtschaft

b Corinna spricht über…
1 die Umweltzerstörung
2 das Ozonproblem
3 den Meeresspiegel
4 Tierarten
5 die Wirtschaft

c Robert spricht über…
1 das Umweltbewusstsein
2 die Natur
3 die Dritte Welt
4 das Wasser
5 Autos

❷ Partnerarbeit. Welche Einstellung haben junge Leute gegenüber der Zukunft? Tauschen Sie mit Ihrem Partner Informationen aus.

GRAMMATIK

Subjekt / Objekt / indirektes Objekt

Das Subjekt des Satzes steht im *Nominativ*, das direkte Objekt im *Akkusativ* und das indirekte Objekt im *Dativ*.

Jugendliche sind tolerant und frei von Vorurteilen. (Subjekt)
Young people are tolerant and free from prejudice.
Als Jugendlicher hat man noch **keine feste Meinung**. (direktes Objekt)
As a young person you don't have a set opinion yet.
Erwachsene müssen **den Jugendlichen** eine Chance geben. (indirektes Objekt)
Adults have to give young people a chance.

ZUM ÜBEN

1 Entscheiden Sie für jeden der folgenden Sätze, ob das Subjekt, das Objekt oder das indirekte Objekt unterstrichen ist!

a Der Meeresspiegel steigt.
b Man müsste die ganze Gesellschaft ändern, um die Umweltverschmutzung zu stoppen.
c Ich versuche das Auto so wenig wie möglich zu benutzen.
d Geld alleine macht Jörg nicht glücklich.

2 Übersetzen Sie die englischen Sätze ins Deutsche.

a *I have a dream.*
b *The environment will be clean.*
c *The older generations should hand over a clean world to the younger generations.*
d *A good career is my priority.*

❸ Zum Schreiben. Sie haben die Meinungen verschiedener Jugendlicher zum Thema „Zukunft" gehört und gelesen. Schreiben Sie einen kurzen Aufsatz, in dem Sie die folgenden Fragen beantworten.

• Welche Erwartungen haben Sie an Ihre Zukunft? Was ist Ihnen wichtig?
• Möchten Sie eine Familie? Wenn ja, wie groß? Warum?
• Glauben Sie auch, dass die Zukunft problembeladen ist? Welche Probleme fürchten Sie persönlich am meisten? Warum?
• Sehen Sie eher optimistisch oder pessimistisch in die Zukunft? Warum?

Herausforderungen an die Gesellschaft

Inhalt

Kommunikationsziele

- an einer Diskussion teilnehmen
- Rat geben
- über soziale Themen sprechen und schreiben

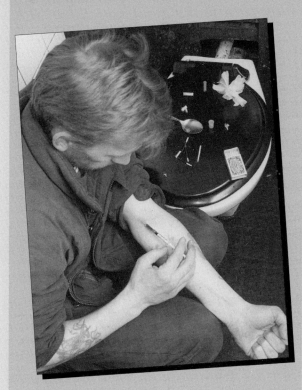

> **Jede Epoche unserer Geschichte stellt die Menschen vor Probleme, die eine Herausforderung an die Gesellschaft darstellen. Nicht alle Probleme können gelöst werden, aber es ist wichtig sich mit ihnen auseinander zu setzen. Hier werden nur drei der vielen Themen angesprochen, die viele von uns betreffen und herausfordern.**

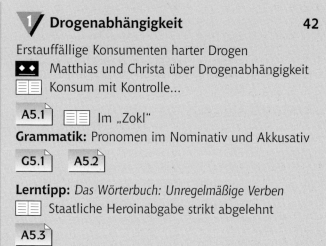

THEMA
1 Drogenabhängigkeit

Drogenabhängigkeit ist heutzutage ein großes Problem. Verhältnismäßig wenige Leute schaffen es wieder von den Drogen loszukommen, nachdem sie einmal abhängig geworden sind.

▷ Erstauffällige Konsumenten harter Drogen (Entwicklung 1986–96)

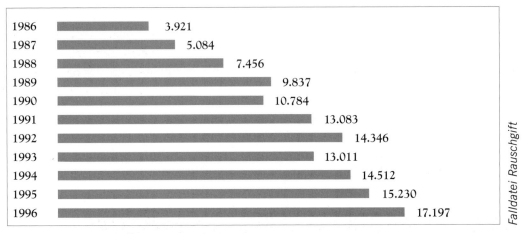

Falldatei Rauschgift

1986	3.921
1987	5.084
1988	7.456
1989	9.837
1990	10.784
1991	13.083
1992	14.346
1993	13.011
1994	14.512
1995	15.230
1996	17.197

❶ Was kann man aus dieser Abbildung ersehen? Hier sind drei Behauptungen. Eine ist richtig, eine ist falsch und für eine sind die Informationen in der Tabelle nicht vorhanden.

a Zwischen 1986 und 1996 ist der Konsum harter Drogen drastisch angestiegen…
b In jedem Jahr wurde die Lage schlimmer.
c Der Konsum von Cannabis ist angestiegen.

▷ Matthias und Christa über Drogenabhängigkeit

Matthias und Christa sprechen über Drogenabhängigkeit.

❶ ◀▶ Hören Sie sich die Interviews mit ehemaligen Drogensüchtigen aus Deutschland an. Finden Sie das Deutsche für die folgenden Wörter und Phrasen im Hörtext über Matthias.

a *thrown out of home*
b *great parties*
c *for the first time*
d *to nick / steal*
e *prison*
f *fed up*

❷ Richtig oder falsch? Korrigieren Sie die falschen Sätze.

a Matthias hatte ein gutes Verhältnis zu seiner Mutter und seinem Stiefvater.
b Als er zu Hause rausgeflogen ist, hat Matthias eine eigene Wohnung gekauft.
c Er hatte keine Arbeit.
d Das Methadon-Programm hat Matthias für immer geheilt.
e Er wohnt jetzt mit Sandra in einer Selbsthilfegruppe.

❸ Hören Sie sich nun Christa an. Welche Wörter oder Ausdrücke haben die gleiche
Bedeutung?

a sitzen gelassen   1 Heroin gespritzt
b rumgelaufen   2 erwartete ich ein Baby
c war ich schwanger   3 mir hat es gereicht
d gedrückt   4 Zeit verbracht
e ich hatte genug   5 verlassen

❹ Wählen Sie jeweils den richtigen Satzschluss.

a Christas Eltern waren: c Mit 15 Jahren war sie: e Christa hat im Drop-in Center:
  1 geschieden.   1 krank.   1 Hilfe gefunden.
  2 glücklich verheiratet.   2 glücklich.   2 eine Ausbildung gemacht.
  3 unglücklich.   3 schwanger.   3 ihre Mutter wiedergetroffen.

b Christa war: d Werner hatte:
  1 arm.   1 einen guten Job.
  2 reich.   2 Probleme mit Drogen.
  3 gut versorgt.   3 eine Familie.

Konsum mit Kontrolle...

Rainer, seit 15 Jahren süchtig, raucht
im Züricher „Zokl" eine „Sugarette", die
mit Heroin imprägniert ist. Das soll das
Spritzen ersetzen.

Nach ärztlicher Verschreibung werden
auch Herointabletten und Morphin an
die Patienten ausgegeben.

Stern

❶ Lesen Sie den kurzen Text oben. Was heißt „Konsum mit Kontrolle"?

❷ **Partnerarbeit.** Lesen Sie nun die Texte auf Arbeitsblatt 5.1. Partner A liest den
Text A, Partner B den Text B. Beantworten Sie alleine und auf Deutsch möglichst viele
Fragen aus der folgenden Liste. Sie werden nur einen Teil dieser Fragen alleine
beantworten können.

a Wie viele Jahre ist Sarah schon süchtig?   g Wie sieht Sarah aus?
b Wie oft geht sie ins Zokl?   h Was kostet der tägliche Schuss?
c Wann macht das Zokl morgens auf?   i Wofür steht die Abkürzung Z.O.K.L.?
d Was macht sie dort?   j Wie viel wog Sarah, als sie vor der Tür
e Wie alt ist Sarah?   ihrer Mutter abgeliefert wurde?
f Was spritzt sie sich ein?   k Wo spritzte sich Sarah am Anfang?

❸ Partnerarbeit. Besprechen Sie nun alle Fragen und Antworten mit Ihrem Partner, ohne dass beide Partner alles lesen müssen. Helfen Sie Ihrem Partner auch mit dem Verständnis der neuen Wörter, die er nicht auf seiner Liste hat.

A5.1

GRAMMATIK   Seite 155, § 4.1, 4.2   G5.1

Pronomen im Nominativ und Akkusativ

Pronomen sind Wörter, die ein Substantiv oder einen Namen ersetzen können. Subjektpronomen zeigen, wer oder was eine bestimmte Tätigkeit ausübt (das heißt, sie müssen das Subjekt eines Verbes sein). Objektpronomen zeigen, wer oder was von einer bestimmten Tätigkeit beeinflusst wird.

Subjektpronomen

Zusammen sind **wir** zu einer ambulanten Hilfsstelle gegangen.
We went to a mobile support centre together.
Sie hing auch an der Nadel…
She was also dependent on the needle…

Objektpronomen

Als meine Eltern **mich** dann rausgeschmissen haben,…
When my parents threw me out…

ZUM ÜBEN

Lesen Sie Text A auf Arbeitsblatt 5.1 noch einmal. Versuchen Sie festzustellen, auf welche Person sich die unterstrichenen Wörter, die Pronomen, im Text beziehen.

Beispiel: Wenn <u>ich</u> nicht hier wäre,… = Sarah

❹ Partnerarbeit. Arbeiten Sie zu zweit. Sie haben je eine Rolle für Rollenspiel 1 und 2. Bevor Sie die Rollenspiele machen, lesen Sie Ihre Rollen gründlich durch und schlagen Sie unbekannte Vokabeln im Wörterbuch nach.

A5.2

❺ Zum Schreiben. Stellen Sie sich vor, Sie sind Sarah. Schreiben Sie den Eintrag für einen Wochentag in Ihr Tagebuch. Entscheiden Sie sich für eine der folgenden Situationen.

A5.1

a Sarah findet es sehr schwer mit ihrer Situation fertig zu werden.
b Sarah ist froh, dass sie so gute Fortschritte im Zokl macht.

Erzählen Sie nicht nur die Fakten, sondern auch wie Sie sich fühlen. Nicht vergessen: Sie schreiben über die Vergangenheit und müssen das Perfekt benutzen! Schreiben Sie etwa 150 Wörter.

Beispiel:

Heute Vormittag bin ich um neun aufgewacht, ich habe mich noch schlapp und schlecht gelaunt gefühlt… ich habe Annette angerufen…

L E R N T I P P

Das Wörterbuch: Unregelmäßige Verben

Seiten 171–174

Suchen Sie in einem Wörterbuch, oder am Ende dieses Buches, die Liste der unregelmäßigen Verben und beantworten Sie die Fragen unten mit a, b oder c.

1 Bei Verben, die im Präsens unregelmäßig sind, werden nur bei der:

   a 2. und 3. Person im Singular

   b 1. und 3. Person im Singular

   c 1. und 2. Person im Singular

die Vokale im Stamm geändert.

2 Einige Verben sind nur im:

   a Präsens

   b Futur

   c Imperfekt

unregelmäßig.

3 Bei einigen Verben werden im Perfekt und Imperfekt die Vokale im Stamm geändert, aber im Perfekt enden sie mit:

   a „-n".

   b „-d".

   c „-t".

4 Bei unregelmäßigen Verben endet das Partizip Perfekt:

   a sehr oft

   b nie

   c manchmal

mit „-en".

5 Einige unregelmäßige Verben benutzen das Hilfsverb:

   a „gehen"

   b „sein"

   c „kommen"

statt des Hilfsverbs „haben".

Übertragen Sie diese Tabelle auf ein Blatt Papier. Schlagen Sie die fehlenden Formen folgender Verben nach und tragen Sie sie in die Tabelle ein!

Infinitiv	Präsens (3. Person)	Imperfekt (3. Person)	Partizip Perfekt
denken	denkt		
sprechen		sprach	
laufen			ist gelaufen
	kommt	kam	

der Drogenbeauftragte (-n) government spokesperson for narcotics

ablehnen (*sep.*) to reject

eine Absage erteilen to reject something

das Vorbild (-er) model

zur Verfügung stellen to put at s.o.'s disposal

das Ergebnis (-se) result

beschönigen to gloss over

abnehmen (*sep.*) to decrease

> Drogenbeauftragter und Union sind sich einig

Staatliche Heroinabgabe strikt abgelehnt

Bonn. (dpa) Der Drogenbeauftragte der Bundesregierung, Eduard Lintner (CSU) lehnt angesichts des drastisch steigenden Konsums harter Drogen jede staatliche Heroinabgabe als Mittel zur Therapie von Süchtigen ab. Auch der Drogenexperte der CDU / CSU, Roland Sauer, erteilte solchen Konzepten nach Schweizer Vorbild eine Absage.

„Sucht kann nicht mit Suchtmitteln geheilt werden", sagte er. Mit seiner Fraktion werde es dies in Deutschland nicht geben. „Wie wollen wir junge Menschen für ein drogenfreies Leben gewinnen, wenn der Staat Hilfestellung für den Kick gibt?", meinte Sauer. Nach seinen Angaben wurden in Deutschland seit 1987 knapp 350 Millionen Mark an staatlichen Mitteln für die Drogentherapie zur Verfügung gestellt.

Er und Lintner warnten davor die Ergebnisse des Schweizer Modellversuchs zu beschönigen. Lediglich sieben Prozent der daran beteiligten Heroin-Konsumenten seien letztlich bereit gewesen eine Abstinenztherapie zu beginnen. Lintner widersprach auch der Darstellung, durch staatliche Heroinabgabe nehme die Beschaffungskriminalität ab.

Kölnische Rundschau

---

❶ ▤ Lesen Sie den Text mit Hilfe der Vokabeln auf Seite 45 durch. Welche der folgenden Meinungen werden im Artikel vertreten?

a Drogensüchtige, die vom Staat Heroin bekommen, werden nicht so oft kriminell.
b Heroinabgabe ist schlecht, weil dann der Staat die Abhängigkeit finanziert.
c Man kann Sucht nur mit Heroin heilen.
d Man sollte vorsichtig sein, bevor man behauptet, das Schweizer Programm sei ein Erfolg.
e Eine staatliche Heroinabgabe ist die einzige Möglichkeit für eine Verbesserung.
f Die Beschaffungskriminalität wird durch staatliche Heroinabgabe nicht weniger.

❷ Ist die Bundesregierung Deutschlands für oder gegen eine staatliche Heroinabgabe, wie sie in der Schweiz bereits eingeführt wurde? Welche vier Gründe dafür / dagegen werden angegeben?

❸ **Gruppenarbeit.** Eine Debatte. Sie sind bei einem Treffen, das von einem Sozialarbeiter organisiert worden ist, um das Wohlergehen eines heroinsüchtigen Patienten zu besprechen. Sie haben gelesen, dass es in der Schweiz für Abhängige möglich ist den täglichen Heroinbedarf auf Kosten des Staates zu decken. Diskutieren Sie diese staatliche Hilfe in der Gruppe. Benutzen Sie je eine der Rollenkarten auf Arbeitsblatt 5.3. Verwenden Sie auch die folgenden Ausdrücken:

A5.3

Ich finde, dass…
Das finde ich nicht richtig, weil…
Das sehe ich anders: …
Damit bin ich nicht einverstanden, denn…

Das stimmt doch gar nicht, weil…
Das ist Unsinn, denn…
Das glaube ich nicht, weil…
Davon bin ich nicht überzeugt, denn…

Arbeitslosigkeit

„Sechzig Bewerbungen habe ich im vergangenen Dreivierteljahr geschrieben, aber ich bin immer noch arbeitslos. Mit 48 gehöre ich wohl schon zum alten Eisen. Wenn das so weitergeht, weiß ich nicht, was ich tun soll… "

▷ Frau Hermann über Arbeitslosigkeit

Frau Hermann hat im letzten Jahr ihren Job verloren. Hier spricht sie über ihre Probleme.

Lesen Sie den kurzen Einführungstext zum Thema 2 oben. Was für Themen, glauben Sie, werden im folgenden Hörtext vorkommen? Überlegen Sie zusammen mit einem Partner, welche Probleme Arbeitslosigkeit verursachten:

a in der Familie.
b in der Gesellschaft.

❶ ▱▱ Hören Sie sich den Kassettenbrief „Frau Hermann über Arbeitslosigkeit" an und bringen Sie die folgenden Stichwörter in die richtige Reihenfolge.

a Firma hat Konkurs angemeldet
b Firma verkauft
c wie es der Tochter geht
d drei Vorstellungsgespräche
e 60 Bewerbungen geschrieben
f Problem: mit 48 arbeitslos
g Erlebnis auf dem Arbeitsamt

zum alten Eisen gehören to be on the scrap heap	**die Stellenanzeige (-n)** job advert
nirgendwo ist Land in Sicht no hope on the horizon	**die Bewerbung (-en)** job application
Konkurs anmelden (sep.) to go bankrupt	**das Vorstellungsgespräch (-e)** job interview
„neue Besen kehren gut" 'a new broom sweeps clean'	**die Gehaltsforderung (-en)** desired salary
der Sachbearbeiter (-) person in charge	**sich (nicht) für dumm verkaufen lassen** (not) to be taken for a ride
lästig irritating	**die Welt nicht mehr verstehen** to not understand anything any more
der Eindringling (-e) intruder	
die Daten aufnehmen (sep.) to note down personal details	

❷ Beantworten Sie die folgenden Fragen auf Englisch.

a *Why did Frau Hermann lose her job with the first firm?*
b *Why did she lose her second job?*
c *What happened at the job centre?*
d *What qualifications has she got?*
e *She has had three interviews. Why did she not get another job?*

❸ **Partnerarbeit.** Was würden Sie Frau Hermann raten? Benutzen Sie die Vorschläge aus dem Kasten unten und Ihre eigenen Ideen. Partner A ist Frau Hermann, Partner B ist ein Bekannter. Verwenden Sie die folgenden Ausdrücke:

Ich rate Ihnen… zu…
Ich schlage vor, dass…
Sie könnten…
Sie sollten…
Wenn ich Ihnen einen Rat geben darf, möchte ich sagen, dass…

• alle Zeitungen mit Stellenanzeigen kaufen	• professionelle Passfotos benutzen
• zum Arbeitsamt gehen	• ein neues Image annehmen
• Stellengesuche in Zeitungen aufgeben	• positiv eingestellt sein
• mehr Bewerbungen schreiben	• nicht aufgeben

❹ **Partnerarbeit.** Besprechen Sie die folgenden Fragen.

a Haben Sie einen Job? Warum?
b Ist es in Ihrer Gegend schwer als Schüler einen Job zu finden?
c Warum ist es wichtig einen Job zu haben?

ARBEITSLOS und einsam – was kann ich tun?

Mein Leben wird immer trauriger: Zuerst verließ mich (55) mein Freund (50) wegen einer jüngeren Frau, dann wurde ich arbeitslos, weil das Kurzwarengeschäft, in dem ich fast 30 Jahre arbeitete, Konkurs anmeldete. Mit der Arbeitslosenhilfe komme ich kaum zurecht, eine Umschulung wird mir nicht mehr bezahlt. Ich würde gern einen lieben Mann heiraten, um ihn zu verwöhnen und gleichzeitig versorgt zu sein. Aber obwohl ich noch jung aussehe, lerne ich niemanden kennen. So vereinsame ich immer mehr. Was soll ich nur tun?

Doris B.

Louise Simon antwortet: Arbeitslos zu sein ist eine große Belastung und mit 55 Jahren ist es sehr schwer wieder eine feste Arbeitsstelle zu finden. Sie werden sich weiterhin nach einem Job in Ihrer Gegend umsehen müssen, den Sie ohne Weiterbildung ausüben können. Am ehesten werden Sie sicher etwas im Dienstleistungsgewerbe finden. Wichtig scheint mir für Sie vor allem, dass Sie bei ihrer Arbeit mit anderen Menschen zusammenkommen und sich nicht mehr so allein fühlen. Denn es ist nun mal ein Teufelskreis: Je mehr man nach einem Partner sucht, desto schwerer scheint es ihn zu finden. Zuneigung kann man sich erhoffen, aber eben nicht erzwingen. Und je besser man allein leben und sich auch allein durchbringen kann, je unabhängiger und zufriedener man also ist, desto reizvoller wird man fürs andere Geschlecht. Das heißt natürlich nicht, dass Sie ganz und gar die Hände in den Schoß legen sollen. Ein bisschen dem Glück nachzuhelfen kann nichts schaden. Lesen Sie aufmerksam die Kontaktanzeigen in Ihren regionalen Zeitungen. Machen Sie sich hübsch, gehen Sie unter Menschen und versuchen Sie das Leben etwas positiver zu sehen. Es ist ja wirklich nicht gerade rosig für Sie, liebe Frau B., aber andererseits sind Sie gesund, sehen jung aus und kommen gut mit Ihren Mitmenschen zurecht. Das ist doch was. Viel Glück!

Kurzwaren (*no sing.*) haberdashery	**der Teufelskreis (-e)** vicious circle
vereinsamen to become lonely	**die Zuneigung (-)** affection
die Belastung (-en) burden	**durchbringen** (*sep.*) get through
die Weiterbildung (-en) further training	**die Hände in den Schoß legen** to leave everything
das Dienstleistungsgewerbe (-) service industry	to fate, sit and do nothing
(catering, health service, social services, etc.)	**die Kontaktanzeige (-n)** personal column

❶ 📖 Lesen Sie mit Hilfe eines Wörterbuches und dem Vokabelkasten den Brief und die Lebensberatung aus *Frau im Spiegel*. Lesen Sie danach die folgenden Aussagen durch und entscheiden Sie, ob sie richtig oder falsch sind. Verbessern Sie die falschen Aussagen!

a Doris B. kommt mit ihrem Geld gut aus.

b Sie lernt jeden Tag viele Leute kennen.

c Es ist schwer, eine feste Arbeitsstelle zu finden.

d Sie wird sicherlich eine Stelle im Dienstleistungsgewerbe finden.

e Sie soll zu Hause bleiben und stricken.

f Sie soll am Arbeitsplatz einen Partner suchen.

g Das Lesen von Kontaktanzeigen in den regionalen Zeitungen ist wünschenswert.

h Doris B. soll das Leben positiv sehen.

LERNTIPP

Das Wörterbuch: Zusammengesetzte Wörter

Seite 149 ⟶

Auf Deutsch ist es häufig möglich Substantive zusammenzusetzen. Wichtig ist daran zu denken, dass das zusammengesetzte Substantiv das Geschlecht des letzten Teils haben muss.

Beispiel: die Bahn + der Hof = der Bahnhof

Im Wörterbuch müssen Sie den Anfang eines Wortes suchen und dort finden Sie die verschiedenen zusammengesetzten Wörter.

> **Teufels...:** ~**banner** *m* exorcist; ~**beschwörung** *f* exorcism; ~**brut** *f* hellish crew; ~**kerl** *m* devil of a fellow; ~**kreis** *fig.* m vicious circle; ~**weib** *n* she-devil, devil of a woman; ~**werk** *n* piece of devilry.

Jetzt sehen Sie sich die folgenden Substantive an und bilden Sie damit acht zusammengesetzte Wörter. Dann schreiben Sie sie mit Artikel und englischer Übersetzung auf. Achtung! Manchmal ist es nötig eines der Wörter ein bisschen zu ändern!

1 Käse	a Flocken	5 Leben	e Weh
2 Bus	b Zentrum	6 Jugend	f Linie
3 Kopf	c Mittel	7 Frühstück	g Gerät
4 Schule	d Torte	8 Küche	h Leiterin

GRAMMATIK

Seiten 158–159, § 5.2d

G5.2

Reflexive Verben

Reflexive Verben sind Verben, die aus zwei Teilen bestehen – einem Verb und einem Reflexivpronomen, entweder im Dativ oder im Akkusativ. Das Pronomen muss der Person des Verbes angepasst werden.

> Sie werden **sich** nach einer Arbeit... **umsehen** müssen.
> *You will have to look for a job (for yourself).*
> **Machen** Sie **sich** hübsch...
> *Make yourself look nice.*
> Zuneigung kann man **sich erhoffen**...
> *You ('one') can hope for affection (for yourself).*

ZUM ÜBEN

Vervollständigen Sie jeweils den zweiten Satz mit dem angegebenen reflexiven Verb, so dass er eine ähnliche Bedeutung erhält.

Beispiel:

Doris B. soll nach einem neuen Job suchen. (sich umsehen)
Doris B. soll **sich** nach einer Arbeitstelle **umsehen**.

1 Es war schwer für sie ohne ihr normales Gehalt über die Runden zu kommen.
  Es war schwer für sie ... ohne ihr normales Gehalt über Wasser zu .... (sich halten)
2 Die Arbeitslosigkeit ist eine große Belastung.
  Durch die Arbeitslosigkeit ... man ... sehr .... (sich [belastet] fühlen)
3 Doris B. hofft sehr, dass sie einen netten Partner wird kennen lernen.
  Doris B. ... ... die Heirat mit einem lieben Mann. (sich erhoffen)
4 Sie hat 30 Jahre in einem Kurzwarengeschäft gearbeitet.
  Sie ... ... 30 Jahre lang mit Kurzwaren ....
  (sich beschäftigen)
5 Frau Hermann hat 60 Bewerbungen geschrieben.
  Frau Hermann ... ... bei 60 Firmen ....
  (sich bewerben)
6 „Seit einem Dreivierteljahr bin ich arbeitslos und
  nirgendwo ist Land in Sicht."
  „Ich ... ... seit einem Dreivierteljahr um eine neue
  Arbeitsstelle." (sich bemühen)
7 Frau Hermann ist zum Arbeitsamt gegangen.
  Frau Hermann hat ... auf dem Arbeitsamt ...
  (sich vorstellen)
8 Sie sagt: „Mich führt keiner an der Nase herum."
  Sie sagt: „Ich ... ... nicht für dumm ... ."
  (sich nicht für dumm verkaufen lassen)

ICH BIN ARBEITSLOS

➤ Ich schaffe das einfach nicht mehr

Seitdem ich die Universität verlassen habe, bin ich nun schon
arbeitslos. Ich suche verzweifelt nach einem Job als
Grundschullehrer, aber auf meine Bewerbungen erhalte ich nur
Absagen. Mein Privatleben ist auch deprimierend.
Mein Freund hat mich vor kurzem verlassen. Ich bin so allein.
Was kann ich nur tun, damit mein Leben wieder einen Sinn
bekommt?

❶ 🗒 Lesen Sie den kurzen Brief. Schlagen Sie unbekannte Vokabeln im
Wörterbuch nach.

❷ **Zum Schreiben.** Stellen Sie sich vor, Sie sind ein/e Kummerkastenonkel/-tante.
Lesen Sie den Brief oben und schreiben Sie eine Antwort in einem ähnlichen Stil wie
Louise Simon in „Arbeitslos und einsam – was kann ich tun?" auf Seite 48.

❸ **Gruppenarbeit.** Arbeiten Sie in einer Dreiergruppe und besprechen Sie die folgenden
Punkte. Tragen Sie zum Schluss Ihre Ideen der ganzen Klasse vor! Schreiben Sie sie an
die Tafel oder auf eine Flipchart.

- Auswirkungen der Arbeitslosigkeit
- Ursachen der Arbeitslosigkeit in der heutigen Gesellschaft
- Flexibilität hilft: Man kann einfach umziehen, um Arbeit in einem anderen Teil
  des Landes zu suchen
- Arbeitslosengeld sollte mit einer Umschulung gekoppelt sein

THEMA 3

„Eineleternfamilien" – eine Herausforderung an die heutige Gesellschaft?

Die Familienstruktur hat sich seit dem Ende des zweiten Weltkriegs stark verändert. Heutzutage gibt es mehr Eineleternfamilien als je zuvor. Manche Leute sehen darin ein Problem, andere erkennen es als Zeichen der Zeit, mit dem die Gesellschaft fertig werden kann und muss.

▷ Eineleternfamilien

Um dieses Thema einzuführen, wäre es nützlich mit einem Assoziogramm zu arbeiten. Sehen Sie sich den Lerntipp auf Seite 39 an.

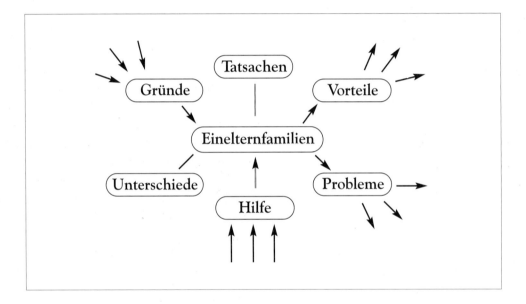

❶ **Gruppenarbeit.** Arbeiten Sie in kleinen Gruppen. Kopieren Sie das unfertige Assoziogramm oben auf ein Blatt Papier. Benutzen Sie dann die Ideen unten und Ihre eigenen Ideen um das Assoziogramm zu vergrößern. Versuchen Sie dabei eine Diskussion über Eineleternfamilien zu führen. Was ist Ihre persönliche Meinung zu diesem Thema? Was sind die Gründe für Eineleternfamilien? Was sind die Vor- und die Nachteile? Das Assoziogramm kann so lang sein wie Sie es möchten! Gehen Sie in die Bibliothek um sich zu informieren, wenn Sie die Möglichkeit dazu haben.

- Tatsachen…
- Unterschiede…
- Gründe…
- …?

➤ Allein mit Kind

Home alone

'We've succeeded – and I'm proud of that', writes a mother to her 13-year-old son whom she has brought up single-handed since separating from the father 10 years ago. This pride is more than understandable and strikes the hearts of all those who live with their children in one-parent households. In Germany that means about 1.5 million mothers and 250,000 fathers. For most of these, life brings a lot of joy but also the endless strain of managing everything alone. The hard reality of their lives: constant stress, lack of time, feelings of guilt towards their children and exhaustion from the impossible demands of organising everything perfectly. In addition, there is financial hardship: 25 per cent of single parents live below the poverty line. And only one-third of fathers living separately from their families pay regular maintenance for their offspring. When, at the social welfare office, a mother has to hear remarks like: 'You are not supposed to live well. You are supposed to be able to survive!' she is at a loss for words.

Brigitte/19/97/Picture Press

❶ ☷ Lesen Sie den englischen Text „Home alone" gut durch. Bringen Sie dann den deutschen Text unter den Punkten a–j in die richtige Reihenfolge.

a Wenn sich dann eine Mutter auf dem Sozialamt anhören muss: „Sie sollen nicht gut leben, Sie sollen überleben", ja dann fällt einem wirklich nichts mehr ein.

b Dazu kommen die finanziellen Nöte: 25 Prozent der allein Erziehenden leben unter der Armutsgrenze.

c Dieser Stolz ist nur allzu verständlich und spricht all denen aus der Seele, die mit ihren Kindern in einer „Einelternfamilie" leben.

d Rund 1,5 Millionen Mütter und 250 000 Väter sind es in Deutschland.

e „Wir haben's gemeistert – und darauf bilde ich mir was ein", schreibt eine Mutter an ihren 13-jährigen Sohn,

f Und nur ein Drittel der von ihrer Familien getrennt lebenden Väter zahlt regelmäßig Unterhalt für die Kinder!

g Für die meisten von ihnen bedeutet dieses Leben unendliche Freude,

h aber auch unendliche Anstrengungen alles allein auf die Reihe zu bringen.

i den sie seit 10 Jahren, nach der Trennung vom Vater, allein großzieht.

j Ihre harte Realität: ständiger Stress, Zeitnot, Schuldgefühle gegenüber den Kindern, Überforderung durch den unerfüllbaren Anspruch immer perfekt zu funktionieren.

▷ Rektor Esser über Einelternfamilien

Herr Albert Esser ist Hauptschulleiter. Er redet vom Standpunkt eines Lehrers über die Situation in Einelternfamilien.

❶ **Gruppenarbeit.** Arbeiten Sie in Gruppen A, B, C, D oder alleine. Sehen Sie sich die Wörter im Kasten A, B, C oder D an und überprüfen Sie in einem Wörterbuch die Bedeutung und die Aussprache. Dann kommen Sie in neuen Gruppen zusammen und erklären Sie sich gegenseitig die Bedeutungen der Vokabeln. Die neuen Gruppen müssen je eine Person aus A, B, C und D haben!

Beispiel:

„Das Wort Hauptschule spricht man H<u>au</u>ptschule aus mit der Betonung auf der ersten Silbe. Das ist eine Art *secondary modern school*."

A | der / die allein Erziehende   verhalten   ähnlich sein   Mangel   auffällig

B | erzieherisch   fertig werden mit etwas   schlechte Noten   von etwas abhängen

C | es kommt auf etwas an   weitere   sich entwickeln   führen   Elternsprechtag

D | Lernprobleme   häufig   letzten Endes   verantwortlich   Elternhaus

❷ ◆◆ Hören Sie nun „Rektor Esser über Einelternfamilien" an und versuchen Sie die folgenden Aussagen zu korrigieren.

a Kinder aus Einelternfamilien verhalten sich in der Schule anders.
b In den meisten Fällen ist das allein erziehende Elternteil der Vater.
c Allein erziehende Mütter haben oft keine Partner.
d Kinder aus Einelternfamilien brauchen keine anderen Bezugspersonen.
e 35 Prozent aller allein erziehenden Eltern in Deutschland müssen von der Sozialhilfe leben.

❸ Hören Sie Herrn Esser noch einmal an und ergänzen Sie die folgenden Sätze.

a Ob Kinder und Jugendliche aus Einelternfamilien Probleme in der Schule haben,…

b Ob Kinder schlechte Noten in der Schule haben oder auffälliges Verhalten an den Tag legen, hängt häufig davon ab,…

c Es kommt auch darauf an, wie die Partner der Mütter…

d Geldmangel kann…

❹ Vervollständigen Sie nun Ihr Assoziogramm von Seite 52 mit den neuen Erkenntnissen!

❺ **Partnerarbeit.** Man sagt, Kinder leiden immer, wenn die Eltern sich trennen. Manche Soziologen meinen sogar, dass eine schlechte Ehe für die meisten Kinder immer noch besser als eine Scheidung sei. Teilen Sie diese Meinung? Vervollständigen Sie die folgenden Sätze in Ihren eigenen Worten.

• Kinder in traditionellen Familien…

• Allein erziehende Eltern…

• Kinder in Einelternfamilien…

• Kinder aus Einelternfamilien sind selbstständiger/unselbstständiger als die anderen, weil…

• Mit Sozialhilfe…

LERNTIPP

Das Wörterbuch: Pluralformen

Seiten 150–151 ⟩

Wenn Sie Aufsätze schreiben, ist es wichtig die richtige Form des Substantivs zu benutzen. Wenn Sie sich nicht sicher sind, können Sie die Pluralform in einem Wörterbuch nachprüfen. Sehen Sie sich nun die 12 Substantive auf der rechten Seite an und entscheiden Sie, auf welche Weise die Pluralform gebildet wird.

Beispiel: lg Supermarkt = Supermärkte

a „-s" anhängen

b „-er" anhängen

c „-en" anhängen

d „-n" anhängen

e „-e" anhängen

f „-um" durch „-a" ersetzen

g „-e" und Umlaut anhängen

h „-er" und Umlaut anhängen

i einfach Umlaut anhängen

j nichts anhängen!

k „-a" durch „-en" ersetzen

l „-um" durch „-en" ersetzen

1 Supermarkt

2 Haus

3 Tisch

4 Antibiotikum

5 Packung

6 Chef

7 Apfel

8 Eisdielenbesitzer

9 Firma

10 Studium

11 Hundegesicht

12 Sorte

---

❻ **Zum Schreiben.** Schreiben Sie 150 Wörter zum Thema „Einelternfamilien". Benutzen Sie Ihre eigenen Ideen, den Lesetext aus *Brigitte* und den Beitrag von Herrn Esser.

Kulturmagazin **5**

Bertolt Brecht (1898–1956) begann sein Werk im Zeitalter des Naturalismus und Expressionismus. Seine sozialistischen Ideen beeinflussen seine Stücke, in denen er vor der Größe und vom Elend des Menschen schreibt. Er klagt den Krieg an und die daran schuldigen Menschen. Brecht will sein Publikum durch sein Werk zum Nachdenken bringen.

Der hilflose Knabe

Herr Keuner sprach über die Unart, erlittenes Unrecht stillschweigend in sich hineinzufressen, und erzählte folgende Geschichte: „Einen vor sich hinweinenden Jungen fragte ein Vorübergehender nach dem Grund seines Kummers. ‚Ich hatte zwei Groschen für das Kino beisammen‘, sagte der Knabe, ‚da kam ein Junge und riss mir einen aus der Hand‘, und zeigte auf einen Jungen, der in einiger Entfernung zu sehen war. ‚Hast du denn nicht um Hilfe geschrien?‘ fragte der

Mann. ‚Doch‘, sagte der Junge, und schluchzte ein wenig stärker. ‚Hat dich niemand gehört?‘ fragte ihn der Mann weiter, ihn liebevoll streichelnd. ‚Nein‘, schluchzte der Junge. ‚Kannst du denn nicht lauter schreien?‘ fragte der Mann. ‚Nein‘, sagte der Junge und blickte ihn mit neuer Hoffnung an. Denn der Mann lächelte. ‚Dann gib auch den her‘, sagte er, nahm ihm den letzten Groschen aus der Hand und ging unbekümmert weiter.“

von Bertolt Brecht
Geschichten

Warum hat der Mann dem Jungen auch den letzten Groschen abgenommen?

6 ▼ Wie fit sind wir?

Inhalt

Kommunikationsziele
- Befehle geben
- einen Aufsatz schreiben

,,**Alte auf dem Vormarsch. In Amerika gibt es heute dreimal so viel 100-jährige (über 50 000) wie noch vor 20 Jahren. In Deutschland haben immerhin 7000 die 100-Jahr-Grenze durchbrochen''.** Wenn man sein Alter genießen will, muss man auch schon in jungen Jahren lernen, Körper und Geist zu pflegen. "

FRAU
im Spiegel

THEMA 1

Fitsein macht Spaß!

Fit zu bleiben ist wichtig und muss nicht unbedingt langweilig sein. In der Gruppe macht es Spaß Sport zu treiben. Die Lösung des Problems: Nicht nur Sport im Fernsehen ansehen, sondern selbst machen!

▶ Fit werden (fast) ohne Mühe. Wie Bewegungs-Muffel auf Touren kommen

Personal Banking vom Schreibtisch aus und den Wochenendeinkauf vom Supermarkt schicken lassen? Unser Leben kann so herrlich bequem sein. Und wir rasten und rosten, setzen Fett an, werden unbeweglich. Schöne Bescherung. Bevor es zu spät ist, hier die besten Tipps, wie Sie ohne Gewaltkur wieder auf Touren kommen.

❶ 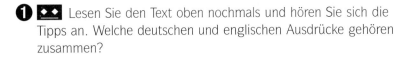 Lesen Sie den Text oben nochmals und hören Sie sich die Tipps an. Welche deutschen und englischen Ausdrücke gehören zusammen?

Beispiel: a 3

a *weekend shopping*	1 unbeweglich
b *so wonderfully comfortable*	2 jüngst
c *immobile*	3 Wochenendeinkauf
d *without strenuous exercise*	4 belohnen Sie sich
e *recently*	5 so herrlich bequem
f *old habits*	6 noch nicht verloren
g *not yet lost*	7 ohne Gewaltkur
h *reward yourself*	8 alte Gewohnheiten

❷ Wie würden Sie die folgenden idiomatischen Ausdrücke ins Englische übersetzen? Wählen Sie unter den beiden Übersetzungen die richtige aus.

1 wer rastet, der rostet
  a *you have to keep in practice*
  b *practice makes perfect*
2 schöne Bescherung
  a *happy Christmas*
  b *this is a nice mess*
3 wieder auf Touren kommen
  a *to get back into gear*
  b *to go on a tour*
4 ganz oder gar nicht
  a *nothing is perfect*
  b *all or nothing*

5 gönnen Sie sich…
  a *treat yourself*
  b *help yourself*

❸ Richtig oder falsch?

a Unser Leben ist ziemlich bequem.

b Alltägliche Bewegungsvorgänge können den
   gleichen Effekt haben wie eine
   Stunde im Fitnessstudio.

c Selbst wenn man viel sitzt, kann man zwischendurch
   Fitnessübungen machen.

d Wenn man mehrere Tage lang keine Bewegung
   gehabt hat, sollte man sein
   Fitnessprogramm aufgeben.

e Nach einem Einkaufsmarathon sollte man
   schwimmen gehen.

GRAMMATIK   Seite 163, § 5.6   G6.1 ➡

Imperativ

Man benutzt den Imperativ, um Hinweise oder Befehle zu geben.

Planen Sie den Tag.
Plan your day.
Seien Sie realistisch.
Be realistic.
Belohnen Sie sich.
Treat yourself.

ZUM ÜBEN

Suchen Sie im Kasten unten die Infinitivformen der Verben in den folgenden Sätzen.

1 Komm mal her.
2 Machen Sie die Tür auf.
3 Legt euch auf den Boden hin.
4 Seht euch um und atmet ein.
5 Geht jetzt nach Hause und sprecht mit euren Familien.
6 Trinken Sie mindestens einen Liter Wasser pro Tag.
7 Bleiben Sie bitte draußen.
8 Nimm die Tabletten und geh ins Bett.

sprechen	aufmachen	sich hinlegen	bleiben	trinken	
gehen	herkommen	einatmen	sich umsehen	nehmen	gehen

▷ Welcher Fitnesstyp sind Sie?

Finden Sie heraus, welche Gruppe von Sportarten Ihnen zusagt. Trifft eine der Aussagen zu, kreuzen Sie den dahinter stehenden Buchstaben an (maximal sieben Kreuze).

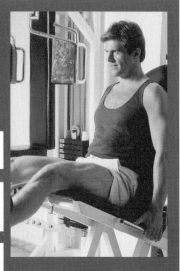

Konzentration und Körperkontrolle prägen mein Sportverständnis .... E

Mein Terminplan erlaubt es nicht, feste Zeiten für den Sport zu reservieren........................... A

Ich bewege mich gerne zusammen mit einem Partner oder einer Gruppe................................. C

Ich bewege mich gerne tänzerisch .... D

Ich möchte mich draußen bewegen .... B

Ich möchte Sport bewusst erleben und auch meinen Geist einsetzen .... E

Fairer Körperkontakt gehört beim Sport dazu........................... F

Sobald ein Ball im Spiel ist, möchte ich loslaufen C

Ich möchte meinen Leistungsfortschritt kontinuierlich dokumentieren bzw. verbessern können.................................. A

Sport sollte Nervenkitzel und Abenteuer sein...................... B

Ich möchte mich im direkten Vergleich gegen andere messen .... F

Ich möchte sportliche Aktivitäten auch ohne Partner durchführen können.................................. A

Rhythmische Musik motiviert mich im Sport............................ D

Anspannung und Entspannung sollten im Einklang sein .... E

Ich betreibe meinen Sport am liebsten in der Gruppe mit Anleitung .... D

Ich möchte meine Reaktionsfähigkeit verbessern............................ F

Spiel- und Wettkampfcharakter motivieren mich am meisten C

Der Umgang mit der Natur reizt mich im Sport besonders .... B

Die Buchstaben, die Sie am häufigsten markiert haben, zeigen Ihnen, in welcher Gruppe Sie sich wohl fühlen werden.

A
Ausdauersport

B
Erlebnis- und Natursport

C
Mannschaftssport

D
Musikorientierter Sport

E
Meditativer Sport

F
Kampfsport

Fit for fun

---

jemandem zusagen (*sep.*) to agree with s.o.
ankreuzen (*sep.*) to put a cross / tick
prägen to characterise
das Sportverständnis (-se) understanding of sport
sich bewegen to move
sich tänzerisch bewegen to dance
bewusst consciously

der Geist (-er) spirit
der Leistungsfortschritt (-e) improvement in performance
verbessern to improve
sich messen mit to compete against
im Einklang sein mit to be at one with
reizen to motivate

❶ ▦ Machen Sie den Test „Welcher Fitness-Typ sind Sie?" und kreuzen Sie maximal sieben Buchstaben an. Können Sie sich mit dem Ergebnis identifizieren? Welcher Fitnesstyp sind Sie?

| GRAMMATIK | Seiten 165–166, § 6.1–6.3 | G6.2 |

Präpositionen mit dem Akkusativ und dem Dativ

Wir unterscheiden hier drei Gruppen:

1 Präpositionen, die immer den Dativ nach sich ziehen (Seite 166).
Wiederholen Sie die Übung **mit** dem anderen Bein. *Repeat the exercise with your other leg.*

2 Präpositionen, die immer den Akkusativ nach sich ziehen (Seite 165).
Ich möchte mich **gegen** andere messen. *I'd like to compare myself with other people.*

3 Präpositionen, die entweder den Akkusativ oder den Dativ nach sich ziehen (Seite 166).
Hier benutzt man den Akkusativ, wenn Bewegung von A nach B stattfindet und den Dativ, wenn keine Bewegung oder Bewegung innerhalb eines Ortes beschrieben wird.
Stemmen Sie die Hände **in** die Hüften. *Put your hands on your hips.*

ZUM ÜBEN

Akkusativ oder Dativ? Wählen Sie jeweils die passende Form des bestimmten Artikels und füllen Sie die Lücken aus!

1 Legen Sie die Blumen auf … Tisch, bitte.
2 Ich bin sicher, die Schlüssel liegen irgendwo auf … Tisch.
3 Am Wochenende gehe ich meistens mit … Familie spazieren.
4 Ich sah ihn – er verschwand hinter … Baum!
5 Gehen Sie durch … Tür, noch 200 Meter, und da ist es!
6 Die Straßenbahn fährt zwischen … Gebäuden.
7 Die Bilder, die an … Wänden hängen, gefallen mir gar nicht.
8 Das Rathaus liegt vor … Volkskammer, aber hinter … Bahnhof.
9 Als er aus … Tür kam, ist er hingefallen.

➤ Turnen Sie sich fit und schön!

❶ ▦ Sehen Sie sich die Bilder auf Seite 62 an und lesen Sie die Beschreibungen der Turnübungen. Zu welchen Beschreibungen gibt es ein passendes Bild?

Beispiel: 1 G

❷ Machen Sie eine Liste der Imperative im Text und kreuzen Sie die trennbaren Verben an. Wissen Sie, was sie bedeuten?

Beispiel: Atmen Sie jetzt aus. = *Breathe out.*
Stützen Sie sich… ab. = *Support yourself.*

1 Nehmen Sie die Hände in den Nacken und strecken Sie die Beine! Heben Sie aus dem Liegen gleichzeitig den Oberkörper und ein Bein an. Berühren Sie mit dem rechten Ellenbogen das linke Knie. Atmen Sie jetzt aus, legen Sie sich wieder hin und atmen Sie ein!

2 Legen Sie sich auf den Rücken! Nehmen Sie die Hände in den Nacken und beugen Sie die Knie. Die Füße sind geschlossen auf dem Boden. Heben Sie den Kopf, die Arme und Schultern vom Boden ab. Atmen Sie aus und ziehen Sie den Bauch ein. Legen Sie sich wieder hin und atmen Sie aus!

3 Legen Sie sich auf den Rücken und klemmen Sie die Hände unter den Po. Heben und senken Sie dann die Beine abwechselnd. Legen Sie die Beine nicht zwischendurch ab!

4 Knien Sie sich auf den Boden und stützen Sie sich mit den Händen auf dem Boden ab! Strecken Sie ein Bein gerade aus und kreisen Sie mit dem Bein vorwärts und rückwärts!

5 Legen Sie sich seitlich hin und stützen Sie den Kopf auf den gebeugten Arm! Das oben liegende Bein gestreckt heben und dann nach vorn senken, bis die Fußspitze den Boden erreicht. Heben Sie das Bein gestreckt wieder an!

6 Legen Sie sich seitlich hin und stützen Sie sich auf dem Unterarm ab. Beugen Sie dann das oben liegende Bein und setzen Sie den Fuß vor das andere Bein. Heben Sie jetzt das gestreckte Bein mit gebeugtem Fußgelenk vom Boden ab.

7 Stellen Sie sich hin, Füße auseinander! Beugen Sie Knie und Arme und beugen Sie den Oberkörper nach vorne, als ob Sie Ski laufen würden. Ballen Sie die Fäuste! Strecken Sie dann die Arme nach oben durch. Runden Sie den Rücken vorm Aufrichten ab!

8 Stellen Sie sich hin! Spreizen Sie die Beine leicht und lassen Sie die Hände seitlich auf den Oberschenkeln ruhen. Lassen Sie dann die rechte Schulter ganz langsam kreisen. Wiederholen Sie das Kreisen mit der linken Schulter!

9 Legen Sie sich auf den Rücken und beugen Sie die Beine, die Füße auseinander: Umfassen Sie mit beiden Händen die Fußgelenke. Heben und senken Sie dann abwechselnd das Becken.

10 Legen Sie sich auf den Bauch, so dass die Stirn auf den Händen ruht. Heben Sie dann die gestreckten Beine vom Boden ab. Zählen Sie bis fünf, bevor Sie die Beine wieder senken.

11 Knien Sie sich hin, die Beine leicht auseinander. Strecken Sie die Arme auf Schulterhöhe nach vorn. Ziehen Sie dann den Bauch und Po ein und senken Sie den Körper nach hinten. Richten Sie sich nach einigen Sekunden wieder auf!

GRAMMATIK

Seite 159, § 5.2e

Trennbare Verben

Einige Verben haben ein Präfix. Im Hauptsatz steht das Verb wie immer an zweiter Stelle und sein Präfix wird ans Ende des Satzes gestellt. Wenn man ein Modalverb oder das Perfekt benutzt, wird das Verb nicht getrennt und steht am Ende des Satzes.

> Du **fängst** morgens später **an**.
> *You start later in the morning.*
> Sie **bereitet** sich im Moment auf das Examen **vor**.
> *At the moment she is preparing for the exam.*
> Ich hatte den Eindruck, dass alles schwerer sein würde, als ich es mir **vorgestellt habe**.
> *I had the impression that everything would be more difficult than I had imagined.*

ZUM ÜBEN

Füllen Sie die Lücken mit dem jeweils angegebenen Verb aus!

1 Unterwegs … wir in Köln … (einsteigen)
2 Er … zum Fenster … (hinausgucken)
3 Um 9 Uhr … er … (ankommen)
4 Wir … normalerweise um 11 Uhr … (einschlafen)
5 Heutzutage … die meisten Leute viel zu viel … (fernsehen)
6 Nun, wo habe ich den Schlüssel … ? (hinlegen)
7 Haben sie dich zur Party … ? (einladen)
8 In England … der Schultag meistens um 9 Uhr … (anfangen)

❸ **Partnerarbeit.** Sie sind mit Ihrem Partner per „du". Geben Sie sich abwechselnd Anweisungen wie im Text auf Seite 62 und führen Sie sie aus.

Beispiel: Stemmen Sie die Hände in die Hüften und halten Sie die Beine gerade!
= Stemm die Hände in die Hüften und halte die Beine gerade!

❹ **Gruppenarbeit.** Besprechen Sie folgende Behauptungen. Mit welchen der Behauptungen stimmen Sie überein, mit welchen nicht? Begründen Sie Ihre Meinung!

• Fitness ist nur ein Trend, mit dem die Freizeitindustrie viel Profit macht!
• Bewegungs-Muffel sind out!
• Fitnesstraining muss wehtun, sonst nützt es nichts!
• Sport in Maßen hält gesund!
• Sport hilft Stress abzubauen!
• Sport ist Stress!
• Wenn Sport keinen Spaß macht, ist er auch nicht gesund!

❺ **Zum Schreiben.** Schreiben Sie nun ca. 200 Wörter zum Thema „Ist Fitnesstraining eine gute Idee?" Bringen Sie Ihre eigene Meinung ein und begründen Sie Ihre Argumente.

THEMA 2 / Gesundes Essen

Um sich rundum wohl zu fühlen muss man auch auf seine Ernährung achten. Es wird oft gesagt: „Man ist, was man isst!" Was meinen Sie?

▶ Gesünder essen heißt auch leichter essen

Das Wichtigste: Fett sparen. Auch wenn Sie nicht unbedingt abnehmen wollen: Fettärmer kochen und essen heißt gesünder leben!

⬦ Fett (Gramm)		kcal
Pellkartoffeln	0,3	66
Bratkartoffeln	8,0	161
Kartoffelpuffer	20,8	315
Pommes frites	21,3	364
Kartoffelchips	40,1	549

Quelle Hacker

die Geduldsprobe (-n) trial of patience	**die Schnitte (-n)** sandwich
saugt… auf (*sep.*) *verb:* **aufsaugen** to soak up	**der Meerrettich (-e)** horseradish
naschen to eat sweet things	**sparsam** sparingly
der Genießer (-) gourmet	**richtig zur Geltung kommen** to be noticed properly
die beschichtete Pfanne (-n) non-stick pan	**der Erdapfel (-äpfel)** potato
auspinseln (*sep.*) to brush lightly	**die Pellkartoffel (-n)** potato boiled in its skin
anbraten (*sep.*) to brown (fry briefly)	**schonend** gently

❶ ◼◼ Hören Sie sich die Tipps an und bringen Sie die Stichworte in die richtige Reihenfolge.

Beispiel: 1 Toast mit Butter

      2 Trinkschokolade

      3 …

gesunde Kartoffeln	Butter und Margarine	fettarme Süßigkeiten	richtig frittieren
Trinkschokolade	Koch- und	selbstgemischtes Müsli	Toast mit Butter
fettarmes Sandwich	Bratutensilien	Wurst genießen	

❷ Lesen Sie die folgenden Satzhälften gut durch. Schlagen Sie unbekannte Vokabeln im Wörterbuch nach. Hören Sie sich dann die Tipps wieder an und bringen Sie die richtigen Satzhälften zusammen.

Beispiel: a 3

a Wenn Toast etwas abgekühlt ist,…

b Wenn man heißen Kakao trinkt,…

c Wenn man eine beschichtete Pfanne hat,…

d Auf einem Wurst- oder Käsebrot…

e Wenn man gerne Müsli isst,…

f Wenn Butter bei Zimmertemperatur aufbewahrt wird,…

g Wenn man fettfrei naschen will,…

h Wenn man Wurst hauchdünn schneidet,…

i Wenn man Kartoffeln isst,…

j Wenn man unbedingt frittieren will,…

1 … muss das Fett richtig heiß sein.

2 … lässt sie sich dünner verstreichen.

3 … saugt er die Butter nicht so auf.

4 … schmeckt es auch mit Vollkornflocken, Magermilch und frischem Obst.

5 … kommt man mit weniger aus.

6 … kommt man mit wenig Öl aus.

7 … sollte man sie nicht frittieren oder braten.

8 … kann man auch die Butter oder Margarine weglassen.

9 … sollte man zum Beispiel Weingummi, Lakritz und Salzstangen essen.

10 … ist das gesünder als Schokolade zu essen.

Fit mit Low-Fett-30

$$\frac{\text{g Fett x 9kcal x 100}}{\text{Gesamtkalorien}} = \text{\% Kalorien aus Fett}$$

1g Fett = 9kcal

Pommes frites, knackige Bratwürstchen. „Köstlichkeiten" mit einem unangenehmen Nebeneffekt: Sie enthalten zu viel Fett, die Hauptursache für Herz-Kreislauf-Probleme und Übergewicht. Immerhin enthält ein Gramm Fett neun Kalorien! Weniger Fett wäre gesünder, aber ganz ohne geht es auch nicht. Allerdings sollten nur maximal 30 Prozent der Gesamtkalorien aus dem Fett stammen. Die Deutschen bringen es zur Zeit auf rund 45 Prozent. Das ist zu viel! Hält man die 30-Prozent-Grenze ein, pendeln sich die Blutfettwerte wie z.B. der Cholesterinspiegel auf „bekömmlichere" Werte ein.

Um die 30-Prozent-Grenze nicht zu überschreiten, kann man beim Einkauf den Fettgehalt der Lebensmittel mit der oben genannten Formel berechnen. Ziemlich kompliziert im Alltag. Statt dessen gibt es die Idee, ein einheitliches Logo einzuführen, das diesen Wert anzeigt: Das Low-Fett-30-Logo. Falls die Ernährungsindustrie das Logo einführt, soll es alle Lebensmittel auszeichnen, die die 30-Prozent-Fett-Hürde nicht überschreiten. Wer glaubt, dass dieses Angebot besonders mager ausfällt, kann mit einem köstlichen Beispiel leicht vom Gegenteil überzeugt werden: Ein Schoko-Schaumkuss enthält laut Tabelle drei Gramm Fett bei 105 Kalorien. Nach der Berechnung durch die Formel ergibt sich insgesamt ein Wert von 25,71 Prozent Fett. Das heißt, man muss

keineswegs aufSüßigkeiten verzichten.

Vorerst gibt es die Broschüre „Steig ein! Low-Fett-30" (Buchtipp). Sie enthält neben allerlei Information rund um das Thema Essen und Trinken ein Verzeichnis von Low-Fett-30-Lebensmitteln, darunter auch Fertiggerichte.

BARMER

❶ ▤▤ Lesen Sie den Artikel und beantworten Sie die folgenden Fragen.

a Warum sind Pommes frites und Bratwürste nicht so gesund?

b Kann man ganz ohne Fett leben?

c Was soll eingeführt werden, um dem Verbraucher beim Einkaufen fettarmer
Nahrungsmittel behilflich zu sein?

d Warum darf man Süßes, wie z.B. Schoko-Schaumküsse, trotzdem essen?

e Was kann man in der Broschüre „Low-Fett-30" nachlesen?

❷ Partnerarbeit. Machen Sie ein Brainstorming. Was essen Sie normalerweise? Sind
diese Nahrungsmittel und Genussmittel gesund oder nicht? Warum? Welche Lösungen
können Sie vorschlagen?

Beispiel:

Frühstück – heißer Toast mit Butter und Marmelade, Tee mit Vollmilch und viel
Zucker.

Kommentar – nicht sehr gesund, weil der heiße Toast die Butter aufsaugt und
Vollmilch viel Fett enthält. Viel Zucker im Tee macht das Getränk zu einer
Kalorienbombe und ist schlecht für die Zähne.

Lösungen – Lass den Toast abkühlen. Streich die Butter dünn auf. Trink Tee mit
Magermilch und Süßstoff.

LERNTIPP

Das einsprachige Wörterbuch

Seite 147 ⟩

Wenn man die Bedeutung eines unbekannten Wortes braucht, wendet man sich natürlich zum
zweisprachigen Wörterbuch. Es ist aber oft nützlich, mehr als ein Wort zur Verfügung zu
haben, zum Beispiel, wenn man einen Aufsatz schreibt und das Wort schon benutzt hat. Es ist
auch nützlich, den Sinn eines deutschen Wortes kontrollieren zu können.

In diesem Fall braucht man ein einsprachiges Wörterbuch. Dort findet man Definitionen und
Synonyme eines bestimmten Wortes, und auch Beispiele von Sätzen, die das Wort enthalten.
Hier ist ein Beispiel:

> **groß** 1 (Kleinschreibung): das große Einmaleins; die großen
> Ferien; auf großem Fuße leben; etwas an die große Glocke
> hängen; große Pause; die große Trommel; (Mus.); große Worte

Hier sieht man zwei Bedeutungen für das Wort (auf Englisch, *big* und *great*) und mehrere
Beispiele von Sätzen und Redensarten, die das Wort enthalten.

Machen Sie jetzt die folgende Übung. Lesen Sie den Text „Fit mit Low-Fett-30" und suchen
Sie die Synonyme für die folgenden Wörter und Ausdrücke im Text.

Beispiel: leckeres Essen = Köstlichkeiten

1 leckeres Essen	5 Nahrung	9 auf keinen Fall
2 der Hauptgrund	6 kalkulieren	10 ohne etwas leben
3 höchstens	7 überredet werden	11 beinhaltet
4 gesündere	8 das bedeutet	12 unter anderem

▶ Corinna über vegetarisches Essen

Nur 2 Prozent der deutschen Jugendlichen insgesamt leben vegetarisch. Auffallend ist allerdings, dass 35 Prozent aller Jugendlichen eine fleischarme Kost bevorzugen.

üblich customary		**voll gestopft werden mit** to be stuffed with	
ein Festhalten an clinging on to		**voll gespritzt werden** to be injected	
sich umgewöhnen (sep.) to change one's habits		**verdorben** spoilt	
ein Klammern an clinging on to		**umständlich** complicated	
ethische Gründe (pl.) ethical reasons		**der Entschluss (-e)** decision	
das Töten (no pl.) the killing		**seitdem** since	
umgebracht werden to be killed		**insgesamt** on the whole	
die Vorstellung (-en) (here) idea		**etwas einsehen (sep.)** to recognise	

❶ ◆◆ Hören Sie sich das Interview mit Corinna an. Finden Sie die richtige Antwort.

1 Corinna lebt jetzt in…
  a Indien **b** Deutschland **c** Griechenland

2 Sie ist seit… Jahren Vegetarierin.
  a 7 **b** 17 **c** 4

3 Corinna isst aus… Gründen kein Fleisch.
  a finanziellen **b** ethischen **c** religiösen

4 Wenn sie über den Fleischmarkt geht…
  a bekommt sie eine Allergie **b** wird ihr schlecht
  c wird sie wütend

5 Corinnas Mutter kocht…
  a oft Fisch **b** manchmal Fleisch
  c nur vegetarisch

GRAMMATIK   Seite 156, § 4.4   G6.3 ⟩

Relativsätze

Relativsätze werden durch die Relativpronomen „der" / „die" / „das" eingeführt, die sich auf das letzte Substantiv im Hauptsatz beziehen. Im Relativsatz steht das Verb am Ende des Satzes.

> Das war nur so eigentlich **die Idee**, **die** mir halt von Indien kam.
> *It was just an idea that I got from India.*
> Kennst du noch andere, vor allen Dingen **junge Leute**, **die** vegetarisch leben?
> *Do you know anyone else, especially young people, who are vegetarians?*
> Zum Beispiel in meiner Klasse ist **ein Mädchen**, **das** sehr selten Fleisch isst.
> *For example, there is a girl in my class who rarely eats meat.*

ZUM ÜBEN

Füllen Sie die Lücken mit dem passenden Relativpronomen aus.

  1 Ich habe einen Freund, … sehr wenig Fleisch isst.
  2 Ich kenne ein Mädchen, … fast ausschließlich Fleisch isst.
  3 Das Low-Fett-30-Logo zeichnet Lebensmittel aus, … nicht viel Fett enthalten.
  4 Eine Person, … viel Obst und Gemüse isst, wird wahrscheinlich vor Dickdarmkrebs geschützt.

Schreiben Sie diese Sätze mit Relativsätzen fertig.

  5 Ein Veganer ist ein Mensch,…
  6 Ein Fleischesser ist eine Person,…
  7 Mischköstler sind Leute,…
  8 Fleisch, Eier, Honig, Milch, Käse usw. sind Produkte,…

▷ Ernährung Veganer

Kein Fleisch, keine Eier, keine Milch: Veganer mögen's so. Warum?

Man kann mit Kohl und Salat eine Welle der Empörung auslösen! Wiebke Lips erlebt es meist auf Partys. Wenn sie am Büffet die Wurst links liegen lässt und Käse aus dem Salat pult, werden erste Stimmen laut.

„Das Tierleben schützt du, das der Pflanzen nicht. Die haben auch ihre Daseinsberechtigung!" sticheln die Gäste. „Fleischesser", kontert Wiebke Lips, „töten mehr Pflanzen. 90 Prozent der landwirtschaftlichen Erträge werden als Futtermittel für weltweit 460 Millionen Schlachttiere verwendet." Wiebke Lips ist keine normale Vegetarierin! Sie lebt die verschärfte Form, den Veganismus. Im Klartext: Fleisch, Eier, Honig, Milch und Produkte daraus, kurz, alles, was vom Tier kommt, ist tabu, also auch der Käse. Was, bitte, bleibt noch? Pflanzen und Getreide. Oh, das rächt sich, wähnen 84,5 Millionen deutschen Mischköstler. In Kürze, so argwöhnen sie, schleppen sich die 350000 Veganer klapperdürr und von Mangelerscheinungen geschwächt durch die Gegend. Von wegen! Die Veganer halten Studien dagegen. Obst, Gemüse und stärkereiche Lebensmittel sollen vor Dickdarmkrebs schützen, Rheuma lindern, das Brustkrebsrisiko senken und für gutes Cholesterin sorgen. Auch Wiebke Lips kann mit einem Beispiel aufwarten: „Früher hatte ich oft Erkältungen. Seitdem ich vegan lebe, läuft nicht mal die Nase." Vegetarier wie Veganer nutzen ihre Nahrungsmittel wie Medizin. Die Ausgewogenheit ihrer Nahrungsmittel hält sie gesund. Krank dagegen machen die Veganer Bilder – von Legehennen-Batterien und Schlachtviehhaltung. „Veganismus ist der einzig konsequente Tierschutz!" versichert Wiebke Lips. „Während meiner Ausbildung zur Tierpflegerin", erinnert sie sich, „habe ich den Stress der Kühe beim Melken miterlebt. Habe gesehen, wie Kälber bis zum Schlachttermin in Einzelhaltung leben. Ich habe leidende Tiere schreien hören." Seit einem Dreivierteljahr ist sie Veganerin. Verwandte und Freunde waren zu Beginn skeptisch. Jetzt bereiten sie ihr bei Einladungen schon mal einen Salat ohne Wurst, Ei und Käse zu. Das erspart Wiebke Lips das Pulen im Essen.

Prisma

die landwirtschaftlichen Erträge (*pl.*) yield	**argwöhnen** to be suspicious
das Schlachttier (-e) animal to be slaughtered	**die Mangelerscheinung (-en)** deficiency symptom
das rächt sich (*verb*: sich rächen) (*here*) you'll pay for it	**von wegen!** no way!
der Mischköstler (-) person who eats meat	**die Ausgewogenheit (-en)** balance
	das Pulen (*no pl.*) picking

❶ ▦ Beantworten Sie die folgenden Fragen.

   a Was essen Veganer nicht?

   b Welche Kritik muss sich Wiebke oft anhören?

   c Was ist Wiebkes Gegenargument?

   d Was dürfen Veganer essen?

   e Wovor schützen Obst und Gemüse besonders?

   f Was hat Wiebke heutzutage nicht mehr?

   g Was macht Veganer „krank"?

   h Wiebke ist Veganerin, weil es gesund ist. Was ist ihr anderer Grund?

   i Warum muss Wiebke jetzt nicht mehr ständig im Essen pulen, wenn sie eingeladen ist?

❷ Schreiben Sie die folgenden Sätze grammatikalisch richtig zu Ende.

   a Wiebke Lips wird auf Partys kritisiert, wenn…

   b Wiebkes Argument gegen ihre Kritiker lautet, dass Fleischesser…

   c Wiebke ist nicht nur Vegetarierin, sondern…

   d 84,5 Millionen Mischköstler denken, dass…

   e Veganer werden „krank", wenn sie…

   f Wiebke ist unter anderem Veganerin, weil…

❸ Finden Sie die fünf trennbaren Verben im Text.

❹ Suchen Sie alle Präpositionen und die folgenden Substantive im Text. Schreiben Sie daneben, welcher Kasus es ist. Machen Sie eine Liste.

   Beispiel: mit Kohl – Dativ

             auf Partys – Dativ

             am Büffet – Dativ

❺ **Partnerarbeit.** Notieren Sie Argumente pro und contra Veganismus und Vegetarismus.

❻ **Gruppenarbeit.** In der Kantine der Sporthochschule in Köln soll eine ausschließlich vegetarische Speisekarte eingeführt werden. Die Leitung der Hochschule hat eine kleine Gruppe Studenten damit beauftragt diese Speisekarte zu begutachten und schließlich zu akzeptieren oder abzulehnen. Lesen Sie Ihre Rollenkarte gut durch, bevor Sie die Debatte beginnen. Benutzen Sie auch Ihre eigenen Ideen und Meinungen aus Übung 5! Stimmen Sie zum Schluss ab, ob die Speisekarte angenommen oder abgelehnt werden soll. Konnten Sie Ihre Mitstreiter von Ihrer Meinung überzeugen?

                                                                  A6.1 ▶

❼ **Zum Schreiben.** Glauben Sie, dass es besser ist ein Mischköstler, ein Vegetarier oder ein Veganer zu sein? Welche Meinung vertreten Sie? Begründen Sie Ihre Meinung! Schreiben Sie ca. 200 Wörter.

THEMA 3 / Und die Psyche?

Kinder und Jugendliche fühlen sich immer häufiger überfordert. Die Reaktionen darauf sind unterschiedlich.

➤ Generation im Dauerstress

Freizeitstress

Familie

Schulstress

Aggression

Schmerzen

Der aktuelle Gesundheitszustand von Kindern und Jugendlichen zeigt in unseren Breiten folgendes Bild: Die klassischen Infektionskrankheiten spielen nur mehr eine untergeordnete Rolle, statt dessen gewinnen immer früher einsetzende chronische Erkrankungen, psychosomatische Beschwerden und Verhaltensauffälligkeiten an Bedeutung. Nach Schätzungen sind inzwischen mehr als 10 Prozent aller Kinder und Jugendlichen von einer schweren chronischen Erkrankung, wie z.B. Asthma oder Diabetes, betroffen. Nimmt man leichtere allergische Erkrankungen, psychosomatische Beschwerden und Verhaltensauffälligkeiten hinzu, erreicht man Quoten von 30 Prozent und mehr.

Eine Jugendgesundheitsstudie der Uni Bielefeld dokumentiert: Ein Drittel der Jugendlichen zwischen 12 und 16 Jahren leidet unter den unangenehmen Folgen von Allergien. Neben der körperlichen Veranlagung und der zunehmenden Belastung der Umwelt mit Schadstoffen gelten ständig steigende Anspannung und Überforderung als Auslöser.

Von psychosomatischen Beschwerden wird gesprochen, wenn es zu körperlichen Leiden kommt, die seelisch bedingt sind. Typische Symptome sind Schlafstörungen, Kopf- und Bauchschmerzen oder Nervosität und Unruhe. Psychosomatische Erkrankungen stehen häufig in Verbindung mit psychosozialen Belastungen. Entsprechende Untersuchungen belegen, dass sich viele Jugendliche den alltäglichen Anforderungen nicht mehr gewachsen fühlen. Über die Hälfte der befragten Jugendlichen fühlen sich müde, gestresst, erschöpft und überfordert.

Als Reaktion bestimmen auch **Wut und Aggression** die Gefühlswelt vieler Kinder und Jugendlicher. Jugendforscher betonen, dass Gefühle der Ohnmacht nicht selten in solchen massiven Verhaltensauffälligkeiten enden. Weltweit registrieren Pädagogen und Pädagoginnen eine Zunahme der Kinder- und Jugendgewalt. Eine Studie der Essener Hochschulklinik bestätigt, dass mittlerweile jedes fünfte Schulkind aggressiv und gewalttätig auf Anforderungen reagiert, weil es sie nicht bewältigt.

die **Erkrankung** (-en) illness
die **Verhaltensauffälligkeit** (-en)
  unusual behaviour pattern
die **Veranlagung** (-en) tendency
der **Schadstoff** (-e) harmful substance
der **Auslöser** (-) trigger
das **Leiden** (-) complaint
die **Untersuchung** (-en) investigation
sich etwas nicht gewachsen fühlen not to be able
  to cope with something
die **Wut** (*no pl.*) rage
etwas bewältigen to cope with something

❶ Finden Sie in der folgenden Liste die Synonyme für die im Text unterstrichenen Wörter und Ausdrücke.

Beispiel: in unseren Breiten = bei uns

a sind bedeutungslos geworden
b eine Krankheit haben, die nicht mehr weggeht
c haben oft damit zu tun
d ungefähr
e den Eindruck haben, nichts ändern zu können
f bei uns
g inzwischen
h immer schlimmer werdender Stress

❷ Beantworten Sie die folgenden Fragen.

a Was sind psychosomatische Beschwerden?
b Welche Symptome sind typisch dafür?
c Wie fühlen sich Jugendliche, wenn sie mit den Problemen des Alltags nicht mehr fertig werden?
d Welche Reaktionen kann eine Überforderung der Kinder und Jugendlichen bewirken?

▷ Leistung ist nicht alles

Jugendforscher Klaus Hurrelmann spricht in einem Interview über die Themen Überforderung und Stress.

❶ Hören Sie sich Klaus Hurrelmann an. Bearbeiten Sie Arbeitsblatt 6.2.

A6.2

❷ **Zum Schreiben.** Schreiben Sie mindestens 250 Wörter zum Thema „Sind Kinder und Jugendliche heutzutage wirklich im Dauerstress?" Benutzen Sie sowohl die Texte von Thema 3 als auch Ihre eigene Meinung.

Kulturmagazin **6**

Jürgen Theobaldy wurde am 7. März 1944 in Straßburg geboren, wuchs aber in Mannheim auf. Seine ersten lyrischen Arbeiten werden heute als einer der wichtigsten Repräsentanten der so gennanten Alltagslyrik gesehen. Geprägt von der Generation der amerikanischen Pop-Lyriker, ist es immer ein umgangssprachlicher Ton, der seine frühen Gedichte auszeichnet, wie in der Sammlung *Blaue Flecken*.

Man möchte vielleicht gesund essen, aber der Kühlschrank ist manchmal leer, oder die Preise zu hoch, wie im folgenden Gedicht von Jürgen Theobaldy.

„Gedicht von der Küchenfront"

Ich öffne den Kühlschrank, blicke
hinein, er ist kalt und leer!
Er ist kalt und leer, und sein Weiß
erinnert mich an nordische Landschaften
voll Schnee und verschont, weil dort
nichts Brauchbares wächst.
Wenn die Preise weiter steigen, wird es
auch hier überall schneien.
Wir werden eine Eiszeit der Preise haben
eine Landschaft mit leeren Kühlschranken.
Wir werden kälter werden, noch kälter.

Was wir essen wird nicht in der Küche
entschieden, auch nicht im Kühlschrank.
Vielleicht ist das ein kluger Gedanke
– entscheide dich, Leser! – vielleicht
hilft er mir durch dieses Gedicht.
Doch im Augenblick und erst recht morgen
würde ich lieber die Pfanne
für ein Schnitzel riechen, wäre mir nicht
das Blut in den Adern gefroren als
die Metzgerfrau den Preis nannte.

von Jürgen Theobaldy,
Blaue Flecken © Rowohlt Taschenbuch Verlag

- Was ist die Bedeutung des Wortes „Küchenfront" im Titel dieses Gedichts?
- „kalt… Schnee… Eiszeit… kälter… gefroren" – Warum kommt immer wieder in diesem Gedicht eine Erinnerung an die Kälte?
- Beschreib den Verfasser dieses Gedichts. Wie sieht er aus, Ihrer Meinung nach? Was für ein Mensch ist er?

Inhalt

Kommunikationsziele

- über eigene Erfahrungen sprechen und schreiben
- argumentieren

„Das Schulsystem in der Bundesrepublik Deutschland ist ziemlich kompliziert. Erziehung und Bildung gehören in die Verantwortung der einzelnen Bundesländer. Deshalb sind Schultypen und Lehrpläne von Bundesland zu Bundesland verschieden. Es gibt jedoch auch viele Gemeinsamkeiten. In allen Bundesländern sind die Schulen staatlich und öffentlich. Es besteht allgemeine Schulpflicht von sechs bis 18 Jahren. Privatschulen existieren auch, werden aber nur von wenigen Schülern besucht. An staatlichen Schulen müssen Eltern keine Gebühren bezahlen.“

THEMA
1

Aller Anfang ist schwer!

In Deutschland spielt der erste Schultag eines Kindes eine wichtige Rolle. Alle Schulanfänger beginnen die erste Grundschulklasse zu Beginn eines neuen Schuljahres. Sie werden von den Kindern der zweiten Klasse und von allen Lehrern mit einer kleinen Feier begrüßt. Alle Schulanfänger bekommen eine Schultüte. Was da wohl drin ist?

▷ Vorbereitungen zum ersten Schultag

Gertrud Bucher spricht über die Vorbereitungen zum ersten Schultag ihres Sohnes Robin.

jemandem etwas zugestehen (*sep.*) to grant s.o. s.th.	**die Verwechslung (-en)** mix-up
die Wachsmalkreide (-n) wax crayon	**kennzeichnen** to label
der Zeichenblock (-blöcke) drawing pad	**die Schultüte (-n)** colourful cone filled with sweets and presents
die Bastelutensilien (*pl.*) tools for arts and crafts	**die Überraschung (-en)** surprise
lediglich only	**der Gottesdienst (-e)** church service
der Ranzen (-) school bag	**im Anschluss** afterwards
der Turnbeutel (-) sports bag	

❶ 👀 Hören Sie sich Frau Bucher an und beantworten Sie die folgenden Fragen.

a Was musste Frau Bucher für die Schule kaufen?
b Wer besorgt die Schulbücher?
c Wie viel muss Frau Bucher für Bücher bezahlen?
d Welche der folgenden Gegenstände durfte sich Robin aussuchen: Seine Schultasche, einen Sportbeutel, ein Lesebuch, ein Mäppchen, Trainingsschuhe, einen Jogginganzug und eine Sporthose?
e Was ist in Robins Schultüte?
f Wer wird am ersten Schultag auch dabei sein?
g Warum ist der erste Schultag ein besonderer Tag auch für die Eltern?

▷ Junge Leute beschreiben das deutsche Schulsystem

Die Schulpflicht beginnt mit sechs Jahren in der Grundschule, die in den meisten Bundesländern vier Jahre dauert. Wer den Anforderungen eines bestimmten Jahres in der Schule nicht gewachsen ist, muss „sitzen bleiben" und das Jahr wiederholen. Es gibt auch Sonderschulen, auf die Kinder gehen, die lern- oder körperbehindert sind.

Danach muss entschieden werden, ob mit 10 oder 11 Jahren der Besuch einer Hauptschule, Realschule oder eines Gymnasiums in Frage kommt. Aufgrund der Leistungen der Kinder machen die Lehrer und Lehrerinnen der Grundschule Vorschläge, aber die endgültige Entscheidung liegt bei den Eltern. Die Dreiteilung in der Sekundarstufe wirkt sehr selektiv. In manchen Bundesländern ziehen deshalb Gesamtschulen viele Schüler an, weil man auf diese Weise eine selektive Entscheidung erst einmal verhindern kann.

Auf der Hauptschule und der Realschule kann man bis zur 10. Klasse bleiben. Danach wird normalerweise eine praktische Ausbildung angestrebt. Grundsätzlich verlassen die Schüler die Hauptschule mit dem Hauptschulabschluss oder der Mittleren Reife. Danach geht es weiter auf die Berufsschule oder auch in die Oberstufe eines Gymnasiums, soweit die Schüler die geforderten Leistungen dafür erbringen.

In eine Realschule gehen vor allem Schüler, die nach der 10. Klasse einen Beruf erlernen wollen. Diese Schulform führt zur Mittleren Reife. Aber viele Schüler besuchen anschließend noch die Fachoberschule oder wechseln auf ein Gymnasium, wo sie sich in der Oberstufe auf das Abitur vorbereiten.

Das Gymnasium war früher die Schule für die besten Schüler. Ungefähr 30 Prozent eines Jahrgangs besuchten diese Schulform. Das ist heute nicht mehr der Fall. Immer mehr Schüler gehen aufs Gymnasium, wo sie bis zum 10. Schuljahr im Klassenverband unterrichtet werden und einen Klassenlehrer oder eine Klassenlehrerin haben. Danach folgt die Oberstufe, in der die Schüler in Kursen unterrichtet werden, die zum Abitur führen.

In eine Gesamtschule gehen gute und weniger gute Schüler zusammen. Diese Schulform gibt es erst seit 1970. Alle Schüler besuchen die Sekundarstufe I, also die Klassen 5 bis 10. Hier bietet sich die Möglichkeit alle verschiedenen Abschlüsse zu erreichen. Wer das Abitur machen will, muss die Oberstufe auf der Gesamtschule oder auf einem Gymnasium durchlaufen. Die Ideologie der Gesamtschule ist, dass alle Schüler dieselben Ausbildungschancen erhalten und ideal gefördert werden.

---

❶ 📑 Lesen Sie den Text und suchen Sie die Synonyme und Definitionen für diese Wörter.

a Bedingungen
b eine Klasse wiederholen
c Spezialschule
d möglich ist

e wegen
f umgehen
g gewollt
h normalerweise

i wenn
j stimmt nicht mehr
k Qualifikationen

2 Schreiben Sie die folgenden Sätze zu Ende.

a Grundsätzlich kommt man mit sechs Jahren…
b In den meisten Bundesländern dauert die Grundschule…
c Danach gehen die Kinder entweder…
d Auf der Gesamtschule ist grundsätzlich…
e Wer das Abitur machen will, muss nach der 10. Klasse in die…

GRAMMATIK Seite 169, § 7.5b G7.1

Unterordnende Konjunktionen

Konjunktionen sind Wörter, die zwei Sätze oder Satzteile verbinden. Sie können entweder nebenordnende Konjunktionen sein, die die Satzteile einfach verbinden, oder unterordnende Konjunktionen, die die Wortstellung im Nebensatz ändern. Hier Beispiele für unterordnende Konjunktionen:

Danach muss entschieden werden, **ob**…
After that you have to decide whether…
… bis zur 10. Klasse bleiben, **wobei** danach normalerweise…
… until Year 10, when you usually…
Danach folgt die Oberstufe, in der die Schüler in Kursen unterrichtet werden, die zum Abitur führen, **sodass** man danach…
Then comes the sixth form year, when pupils follow courses leading to the Abitur, so that they can then…

ZUM ÜBEN

Verbinden Sie die folgenden Sätze mit den angegebenen Konjunktionen.

Beispiel:
Der erste Schultag ist für Eltern sehr aufregend. Man muss den Kindern wieder ein bisschen mehr Freiheit zugestehen. (da)
= Der erste Schultag ist für Eltern sehr aufregend, da man den Kindern wieder ein bisschen mehr Freiheit zugestehen muss.

1 Die Turnsachen werden mit Robins Namen gekennzeichnet. Es gibt keine Verwechslungen. (damit)
2 Robin darf die Schultüte aufmachen. Er kommt aus dem Klassenzimmer. (sobald)
3 Nach der Grundschule muss man sich entscheiden. Auf welche Schule will man gehen? (je nachdem)
4 Die Gesamtschule bietet verschiedene Abschlüsse. Man muss sich nicht sofort nach der Grundschule entscheiden. (sodass)
5 Man muss die Oberstufe besuchen. Man möchte das Abitur machen. (wenn)
6 Man besucht die Schule nur bis zur 9. oder 10. Klasse. Man strebt eine praktische Ausbildung an. (wenn)

▷ Robin über seinen Schulanfang

Robin erzählt zwei Tage später von seinen ersten
Erfahrungen in der Grundschule.

❶ 👀 Hören Sie sich das kurze Interview mit Robin an. Schreiben
Sie eine Zusammenfassung in ca. 50 Wörtern, in der Sie die
folgenden Punkte abdecken.

- Wohin ist Robin zuerst gegangen?
- Was passierte in der Schule?
- Was haben die Kinder am zweiten Schultag gemacht?
- Was gefällt Robin an der Schule am besten und warum?

❷ Erinnern Sie sich an Ihren ersten Schultag? Inwiefern sind Ihre
Erfahrungen anders als Robins Erfahrungen? Schreiben Sie
Notizen über Ihren Schulanfang auf. Schreiben Sie keine
vollständigen Sätze! Erzählen Sie der ganzen Klasse davon.
Vielleicht haben Sie ein Foto, dass Sie mitbringen können?
Versuchen Sie mindestens eine Minute an einem Stück und
möglichst frei zu sprechen. Benutzen Sie Ihre Notizen.

THEMA
2

Und wie geht es weiter?

Wie bereits erwähnt, steht am Ende des vierten Grundschuljahres eine wichtige Entscheidung an: Wie geht es jetzt weiter? Hauptschule, Realschule, Gymnasium oder Gesamtschule? Viele Eltern in Deutschland möchten, dass ihre Kinder ein Gymnasium besuchen. Das kann zu Problemen führen, wenn die dort geforderten Leistungen für das Kind zu hoch sind.

▷ Jana wechselt vom Gymnasium wieder zur Mittelschule

Im Bundesland Sachsen sind Haupt- und Realschulen in der Mittelschule zusammengefasst.

❶ ◆◆ Jana wechselte von der Mittelschule zum Gymnasium und wieder zurück. Hier hören wir, warum. Bearbeiten Sie Arbeitsblatt 7.1.

A7.1

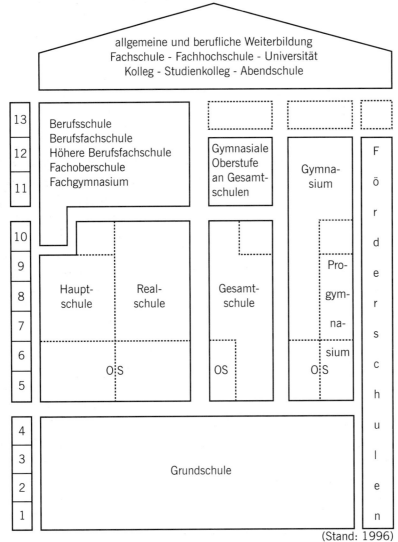

(Stand: 1996)

OS: Orientierungsstufe

Modalpartikeln

Modalpartikeln werden im alltäglichen Deutsch häufig verwendet, um einen gewissen Standpunkt auszudrücken oder eine gewisse Haltung des Sprechers zu verdeutlichen.

Warum ich damals die Mittelschule verlassen habe, weiß ich heute **schon** gar nicht mehr.
I don't really know any more why I left the secondary modern school then.
Dabei wusste ich **noch** nicht **einmal**, was ich **überhaupt** werden sollte.
And I didn't even know what I wanted to be.
Aber was würden dazu **wohl** meine Eltern sagen?
But what would my parents say?

ZUM ÜBEN

Wie würden Sie die folgenden Sätze ins Englische übersetzen?

1 Wie werden die mich wohl aufnehmen?
2 Und dann haben die Kinder was gesungen und so.
3 Was gefällt dir denn am besten?
4 Am besten eigentlich der Lehrer.

▷ Schulwechsel

Für viele Kinder und Jugendliche kann eine falsche Entscheidung der Eltern große Probleme mit sich bringen. Deshalb gibt es viele Informationsblätter, die man von den Schulen und den Kultusministerien bekommen kann. Hier ein Auszug aus dem Informationsblatt des nordrheinwestfälischen Kultusministeriums.

Wenn die Kinder in Deutschland nach der Primarstufe in eine Schule der Sekundarstufe I übergehen, stehen Eltern vor einer wichtigen Entscheidung: Welche Schulform sollen Sohn und Tochter vom nächsten Schuljahr an besuchen?

Zwischen den einzelnen Schulformen gibt es Unterschiede – z.B. im Fächer- und Stoffangebot, bei den Unterrichtsmethoden oder bei den Abschlüssen.

Jungen und Mädchen entwickeln sich rasch und es ist deshalb nicht einfach die Entwicklungsmöglichkeiten eines 10-jährigen Kindes genau vorherzusagen und einer bestimmten Schulform zuzuordnen.

Aus diesem Grund haben Eltern, Lehrer, Ärzte, Wissenschaftler und Bildungspolitiker immer wieder gefordert, dass Schullaufbahnen für eine freiere Entwicklung der Kinder länger offen gehalten werden sollen. Entsprechend wurde in mehreren Bundesländern die Gesamtschule eingeführt, in denen Schüler sich möglichst lange frei entwickeln können und von einem breiten Lernangebot profitieren können. Viele Gesamtschulen bieten eine Ganztagsbetreuung für die Schüler an, das heißt, es wird dort auch zu Mittag gegessen und nachmittags werden Hausaufgaben betreut und Aktivitäten angeboten.

Auch außerhalb der Gesamtschule sind die Grenzen zwischen den Schulformen relativ offen. Wer in der Sekundarstufe I bestimmte Interessen und Fähigkeiten entwickelt, kann in der Orientierungsstufe die Schulform wechseln. Ebenso ist es durchaus möglich, dass Schüler der Haupt- und Realschulen nach der 10. Klasse mit Gymnasiasten die Sekundarstufe II durchlaufen und ihr Abitur ablegen. Mit solch permeablen Grenzen zwischen den Schulformen wird niemand benachteiligt, egal, welche Entscheidung am Ende der Primarstufe gefällt wird.

❶ 🗒 Lesen Sie den Artikel auf Seite 79 durch und finden Sie die deutschen Entsprechungen im Text.

Beispiel: to change over to a secondary school
= in eine Schule der Sekundarstufe I übergehen

a *e.g. the curriculum on offer*
b *the future development*
c *a more open-ended development*
d *accordingly*

e *quite possible*
f *disadvantaged*
g *which decision is made*

❷ Schreiben Sie die folgenden Sätze grammatikalisch richtig zu Ende.

a Im Anschluss an die Primarstufe stehen Eltern…
b Es ist nicht einfach 10-jährige Kinder einer bestimmten Schulform zuzuordnen, weil…
c In Gesamtschulen können Schüler sich möglichst lange frei entwickeln und…
d Die Grenzen zwischen den Schulformen der Sekundarstufe I…

▶ „Man ist entweder Teil der Lösung oder Teil des Problems"

Ehemalige Gesamtschullehrer veröffentlichten 1994 und 1995 ihre Erfahrungen und Thesen zum Thema Gesamtschule. Hier die Hauptpunkte in vereinfachter Form.

Viele integrierte Gesamtschulen sind Rest-Gesamtschulen, weil die Mehrzahl der besseren Schüler und Schülerinnen zu den Realschulen und Gymnasien gehen.

Ab dem 7. Schuljahr besuchen die Schüler Kurse in mehreren Fächern, individuell je nach ihren Leistungen. Dadurch wird der Klassenverband zersplittert, was dem Sozialverhalten der Schüler nicht gut tut. Die Schüler brauchen den Klassenverband um sich wohl zu fühlen und emotionale und soziale Sicherheit und Vertrauen zu entwickeln.

Die Organisation, welche für die Fächerdifferenzierung so wichtig ist, kann nicht richtig finanziert werden. Niemand stellt das nötige Geld zur Verfügung.

Viele integrierte Gesamtschulen – vor allem in den großen Städten – sind keine Gesamtschulen mehr, sondern eher riesige, extrem teure und kompliziert organisierte Hauptschulen mit Ganztagsbetreuung.

Das Leistungsniveau an integrierten Gesamtschulen ist oft niedriger als an Haupt- und Realschulen und Gymnasien.

Schwache Schüler und Schülerinnen, die in der Gesamtschule besonders gefördert werden sollen, haben an integrierten Gesamtschulen die meisten Probleme.

---

veröffentlichen to publish
die Erfahrung (-en) experience
vereinfacht (*verb*: **vereinfachen**) simplified
die integrierte Gesamtschule (-n) integrated comprehensive school
die Mehrzahl (*no pl.*) the majority
der Kurs (-e) course
zersplittert (*verb*: **zersplittern**) (here) broken up
die Sicherheit (-en) security

das Vertrauen (*no pl.*) trust
die Fächerdifferenzierung differentiation of subjects
zur Verfügung stellen to put at one's disposal
riesig enormous
die Ganztagsbetreuung all-day supervision
das Leistungsniveau (-s) level of achievement
niedrig low
gefördert (*verb*: **fördern**) supported

1 ⊞⊞ Lesen Sie den Text. Sind die folgenden Aussagen richtig oder falsch? Verbessern Sie die falschen Aussagen.

Beispiel:

Die Lehrer, die diese Thesen geschrieben haben, arbeiten noch an Gesamtschulen.
= *Falsch*. Es sind **ehemalige** Gesamtschullehrer!

a Die Mehrzahl der besseren deutschen Schülerinnen und Schüler besuchen eine integrierte Gesamtschule.

b Die Schüler einer integrierten Gesamtschule werden bis zum 10. Schuljahr im Klassenverband unterrichtet.

c Der Klassenverband ist wichtig.

d In vielen großen Städten sind die integrierten Gesamtschulen sehr klein.

e An integrierten Gesamtschulen wird weniger geleistet als an Hauptschulen, Realschulen und Gymnasien.

GRAMMATIK

Seite 157, § 4.6   G7.3 ⇒

jemand / niemand

„jemand" und „niemand" sind die Wörter für *someone* und *no one*. Im Nominativ haben sie immer diese Form, im Akkusativ sagt man „jemanden" und „niemanden", und im Dativ sagt man „jemandem" und „niemandem".

Jemand, der in der Sekundarstufe I bestimmte Interessen und Fähigkeiten entwickelt…
Someone who develops particular interests and abilities during secondary school…
Mit solch permeablen Grenzen zwischen den Schulformen wird **niemand** benachteiligt.
Having such flexible boundaries between the school systems means that no one is disadvantaged.
Niemand stellt das nötige Geld zur Verfügung.
No one is offering the necessary money.

ZUM ÜBEN

Füllen Sie jede Lücke mit einem Wort aus dem Kasten aus.

jemand	niemand
jemanden	niemanden
jemandem	niemandem

1 Kannst du j… sehen?
2 N… will es machen, weil es so schwierig ist!
3 J… muss ihnen helfen!
4 Ich machte die Tür auf, aber da war n…
5 Gib es j… und komm sofort her!
6 Wenn es keinen Gewinner gibt, geben wir n… den Preis.

❷ Partnerarbeit. Suchen Sie in den Texten „Schulwechsel" und „Man ist entweder Teil der Lösung oder Teil des Problems" die Argumente pro und kontra Gesamtschulen. Machen Sie Notizen! Partner A ist für und Partner B ist gegen Gesamtschulen. Hier ist ein Vorschlag, wie Sie anfangen können.

Partner A: In eine Gesamtschule gehen gute und weniger gute Schüler zusammen, das finde ich gut.

Partner B: Ja, aber viele integrierte Gesamtschulen sind Rest-Gesamtschulen, weil die besseren Schüler auf die Realschule oder das Gymnasium gehen.

Partner A: Das mag sein, aber eine Gesamtschule verhindert erst mal eine selektive Entscheidung.

Partner B: ...

Partner A: ...

Verwenden Sie die folgenden Redewendungen:

- Das finde ich gut / schlecht...
- Ja, aber...
- Das mag sein, aber...
- Das sehe ich anders, denn...
- Ein positiver / negativer Punkt ist auch, dass...

LERNTIPP

Die Planung eines Aufsatzes Seiten 143–145 ⟩

Im Großen und Ganzen gibt es drei verschiedene Aufsatzstile:

1 Der argumentative Aufsatz
2 Der beschreibende Aufsatz
3 Der kreative Aufsatz

1 Der argumentative Aufsatz

- Bei dieser Art Aufsatz fängt man mit einer Einleitung an, in der man erklärt, worüber argumentiert wird.
- Danach kommt die These des Aufsatzes. Das heißt, dass man die „pro" Argumente vorbringt.
- Nach der These kommt die Antithese. Hier erklärt man die „kontra" Argumente.
- Am Ende des Aufsatzes kommt die Synthese, wo man die Argumente gegeneinander abwägt und sich als „pro" oder „kontra" erklärt.

2 Der beschreibende Aufsatz

Bei einem beschreibenden Aufsatz fängt man auch mit einer Einleitung an, wo man erklärt, worüber man schreiben wird. Danach macht man mit einem Absatz für jeden Punkt weiter, den man beschreiben will. Am Ende des Aufsatzes kommt eine kurze Zusammenfassung, in der man auch seine Meinung schreiben muss.

3 Der kreative Aufsatz

Bei einem kreativen Aufsatz ist die Hauptsache, Fantasie zu haben. Es ist wichtig, den Leser / die Leserin zu unterhalten, und deshalb muss man interessante Themen und Redensarten finden, die den Aufsatz auffallen lassen werden.

---

❸ Zum Schreiben. Schreiben Sie jetzt einen Aufsatz, in dem Sie die Vor- und Nachteile der Gesamtschule abwägen. Schreiben Sie mindestens 200 Wörter! Benutzen Sie den Lerntipp oben und den Abschnitt über „Essay writing" auf Seite 144.

Wer die Wahl hat, hat die Qual: Berufsschule oder Oberstufe?

Wie nach der vierten Klasse steht man nach der 10. Klasse wieder da: Was passiert jetzt? Der große Unterschied ist natürlich, dass es jetzt mehr die Entscheidung der Jugendlichen ist und nicht mehr nur die der Eltern. Viele verschiedene Möglichkeiten stehen nun zur Auswahl.

▷ Was nun?

Berufsschule oder Oberstufe oder gar etwas ganz anderes? Die Zukunft steht einem offen. Aber eine Entscheidung zu treffen ist nicht leicht.

Nach der Sekundarstufe I gibt es eine Vielzahl an Möglichkeiten. Schulabgänger, vor allem nach dem 9. oder 10. Schuljahr der Hauptschule, können ohne eine vorhergehende Berufsausbildung eine Arbeitsstelle annehmen. Eine weitere Möglichkeit ist eine betriebliche Ausbildung in einem anerkannten Ausbildungsberuf zu beginnen, was häufig auch heute noch als „Lehre" bezeichnet wird. Wenn man eine Lehre in einem Betrieb macht, muss man parallel dazu auch noch die Berufsschule besuchen. Natürlich kann man sich auch für eine berufliche Ausbildung an einer berufsbildenden Schule entscheiden. Schließlich bietet sich Schulabgängern der Klassen 9 und 10 eine vierte Möglichkeit: Eine berufsbildende Schule zu besuchen um einen bestimmten weiterführenden Abschluss zu erreichen oder nachzuholen. Nach der Klasse 10 kann man auch in die Sekundarstufe II eines Gymnasiums oder einer Gesamtschule überwechseln um dort in der Oberstufe das Abitur zu machen.

Sekundarstufe I = 5.–10. Schuljahr
Sekundarstufe II = 11.–13. Schuljahr
eine betriebliche Ausbildung = eine Lehre

❶ ▤▤ Lesen Sie den Text mit Hilfe eines Wörterbuches. Lernen Sie neue Vokabeln!

❷ Erklären Sie die Möglichkeiten für Schulabgänger. Kopieren Sie die Tabelle unten und füllen Sie sie aus: Schreiben Sie in jeden Kasten die jeweilige Möglichkeit mit einer Definition.

Arbeitsstelle	Lehre	Berufliche Ausbildung in einer Schule	Berufsbildende Schule besuchen
d.h. man geht direkt arbeiten	d.h…	d.h…	d.h…

▷ Die beliebtesten Lehrberufe

Aus der folgenden Abbildung können Sie ersehen, welche Berufe unter deutschen Jugendlichen besonders beliebt sind.

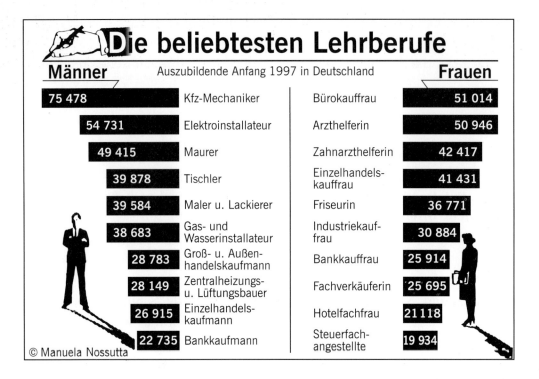

Die beliebtesten Lehrberufe

Männer		Frauen
Auszubildende Anfang 1997 in Deutschland		

Männer		Frauen	
75 478	Kfz-Mechaniker	Bürokauffrau	51 014
54 731	Elektroinstallateur	Arzthelferin	50 946
49 415	Maurer	Zahnarzthelferin	42 417
39 878	Tischler	Einzelhandels-kauffrau	41 431
39 584	Maler u. Lackierer	Friseurin	36 771
38 683	Gas- und Wasserinstallateur	Industriekauf-frau	30 884
28 783	Groß- u. Außen-handelskaufmann	Bankkauffrau	25 914
28 149	Zentralheizungs-u. Lüftungsbauer	Fachverkäuferin	25 695
26 915	Einzelhandels-kaufmann	Hotelfachfrau	21 118
22 735	Bankkaufmann	Steuerfach-angestellte	19 934

© Manuela Nossutta

❶ 🔲 Sehen Sie sich die Abbildung an. Welche Lehrberufe werden sowohl bei Männern als auch bei Frauen als beliebt angegeben?

❷ Welchen dieser Berufe finden Sie selber auch interessant? Warum? Welchen dieser Berufe finden Sie persönlich total langweilig? Warum? Schreiben Sie ungefähr 50 Wörter!

▷ Drei Schüler über Ausbildung und Berufsschule

Hier sprechen drei „Azubis" über ihre Ausbildungen. Jeder macht eine andere Lehre.

der Azubi (-s) apprentice (abbreviation for *der / die Auszubildende*)	**verdienen** to earn
die Lehre (-n) apprenticeship	**der / die Auszubildende** apprentice
die Dauerwelle (-n) perm	**der Betrieb (-e)** work place
die Kenntnis (-se) knowledge	**das liegt mir nicht** I'm not so good at it
etwas anwenden (*sep*.) to put s.th. into practice	**die Gesellenprüfung / die Gehilfenprüfung (-en)** apprenticeship exam
die Ausbildung (-en) (here) vocational training	**die Zwischenprüfung (-en)** interim exam

❶ ◆◆ Hören Sie sich Schülerin 1 an. Beantworten Sie die folgenden Fragen.

a Welche Lehre macht sie?

b Wie oft muss sie in die Berufsschule?

c Welche Fächer macht sie da? Wählen Sie von dieser Liste: Technologie, Wirtschaftswissenschaft, Wirtschaftslehre, Mathematik, Französisch, Deutsch, Gesellschaftslehre, Geographie, Gestalterisches Zeichnen, Technologische Übungen, Physik, Musik.

d Welches Fach gefällt ihr besonders gut? Warum?

❷ ◆◆ Hören Sie sich Schüler 2 an.

a Lesen Sie die folgende Zusammenfassung. Was stimmt hier nicht? Verbessern Sie die Fehler!

Manfred macht nächstes Jahr eine Lehre. Er will Maurer werden. Als Azubi verdient man gut in Deutschland. Im ersten Lehrjahr verdient man 850 Mark. Sein Vater sagt: „Lehrjahre sind keine Hungerjahre!"

b Was bedeutet der Spruch seines Vaters Ihrer Meinung nach?

❸ ◆◆ Hören Sie sich schließlich Schüler 3 an. Schreiben Sie die folgenden Sätze grammatikalisch richtig zu Ende.

Beispiel: Er will Tischler werden, weil… *er gerne mit Holz arbeitet.*

a Neben der praktischen Ausbildung muss er…

b Fachrechnen und Wirtschaftslehre…

c Am meisten Spaß machen ihm…

d Bevor er mit der Ausbildung fertig ist, muss er…

GRAMMATIK | Seiten 155–156, § 4.1–4.3 | G7.4 ⟩

Personalpronomen: Nominativ / Akkusativ / Dativ

Die Personalpronomen ändern sich je nach Geschlecht, Fall und Zahl.

Was für eine Lehre macht **er**? (Nominativ)
What apprenticeship is he doing?
Die Ausbildung zum Tischler interessiert **ihn**. (Akkusativ)
He is interested in the carpenter's apprenticeship.
(Das Fach)… gefällt **mir** aber besser. (Dativ)
I like… (name of subject) better. (Name of subject) is most pleasing to me.

ZUM ÜBEN

Wählen Sie das richtige Pronomen um folgende Sätze zu vervollständigen. Notieren Sie, welcher Fall es ist.

1 Die Zukunft steht man / einen / einem offen.
2 Natürlich kann man / einen / einem / sich auch für eine berufliche Ausbildung entscheiden.
3 Es gefällt er / ihn / ihm hier in Berlin zu sein.
4 Kinder mögen ich / mich / mir. Sie kommen gerne zu ich / mich / mir.
5 Sie schaffen wir / uns / uns viele Probleme.
6 Er hat ein Geschenk für ich / mich / mir gekauft.
7 Er will Lehrer werden, weil er / ihn / ihm gerne mit Kindern arbeitet.
8 Sie / Ihr / Ihn möchte gerne mit Maschinen arbeiten.
9 Er / Ihn / Ihm ist unheimlich leistungsorientiert.
10 Ich / Mich / Mir will nicht in einem Büro arbeiten, sondern im Freien.

4 Partnerarbeit. Wenn Sie in Ihrer Schule das Internet benutzen können, informieren Sie sich doch einfach einmal über verschiedene Berufsausbildungen. BMW alleine, zum Beispiel, bildet in rund 40 kaufmännischen und technischen Berufen aus. 900 Jugendliche erhalten jedes Jahr die Möglichkeit bei BMW einen Ausbildungsplatz zu finden. (www.bmw.de/einstieg/schulabgang.htm)

Was braucht man alles um sich bei BMW bewerben zu können? Sehen Sie sich BMWs Internetangebot an.

▶ Abitur

Jeder, der das Abitur, also die allgemeine Hochschulreife machen will, muss die gymnasiale Oberstufe durchlaufen.

1 ◼◼ Hören Sie sich die Informationen über die Oberstufe an. Bearbeiten Sie Arbeitsblatt 7.2!

A7.2

▶ Gymnasiale Oberstufe

Die gymnasiale Oberstufe bereitet die Schüler in erster Linie auf das Hochschulstudium vor. Sie dauert <u>in der Regel</u> drei Jahre. Jeder, der <u>ein Versetzungszeugnis</u> in die Jahrgangsstufe 11 vorweisen kann, wird zur Oberstufe zugelassen. Hauptschüler, Realschüler, Gesamtschüler und Schüler aus dem beruflichen Schulwesen brauchen das Zeugnis der Fachoberschulreife mit Qualifikationsvermerk.

<u>Der Unterricht</u> beinhaltet einen für alle Schüler <u>verbindlichen Pflichtbereich</u>. Dieser <u>umfasst</u> u.a. Deutsch, Mathematik, Fremdsprachen, Naturwissenschaften und Gesellschaftswissenschaften. <u>In einem bestimmten Rahmen</u> können die Schüler selbst darüber entscheiden, welche Fächer ihr Stundenplan enthalten soll.

Unterrichtet wird in einem System von Grund- und Leistungskursen. Grundkurse umfassen drei Unterrichtsstunden und Leistungskurse sechs. Diese geben dem Schüler die Möglichkeit <u>individuelle Schwerpunkte</u> zu setzen. Die Kurse der Oberstufe sollen die Schüler zu <u>Selbstständigkeit</u> beim Arbeiten erziehen und damit auf die Universität vorbereiten.

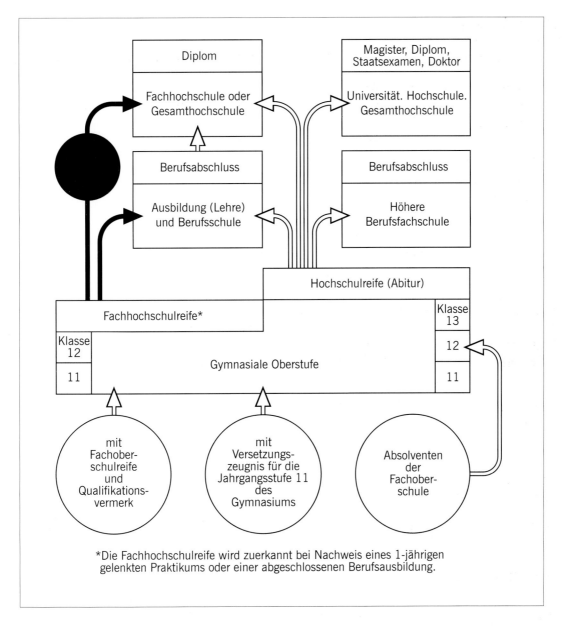

1 📖 Lesen Sie den Text auf Seite 86 mit Hilfe eines Wörterbuches und entscheiden Sie, welche Bedeutung die unterstrichenen Wörter und Ausdrücke haben.

Beispiel: a in der Regel = **4** normalerweise

a in der Regel
b ein Versetzungszeugnis
c der Unterricht
d verbindlichen Pflichtbereich
e umfasst
f in einem bestimmten Rahmen
g individuelle Schwerpunkte
h Selbstständigkeit

1 Fächer, die alle Schüler lernen müssen
2 Stunden, in denen man die Fächer lernt
3 beinhaltet / enthält
4 normalerweise
5 die Fähigkeit etwas alleine machen zu können
6 ein Stück Papier, das zeigt, dass man nicht
    sitzen bleiben muss
7 persönliche Prioritäten
8 bis zu einem gewissen Punkt

❷ Machen Sie eine Liste. Welche Unterschiede gibt es zwischen dem deutschen Abitur und englischen *A-Levels*? Benutzen Sie alle Informationen, die Sie unter Thema 3 erhalten haben! Suchen Sie weitere fünf Punkte.

Beispiel:

Deutschland
Normalerweise studiert man
drei Jahre lang.

England
Normalerweise studiert man zwei
Jahre lang.

❸ Zum Schreiben. Schreiben Sie einen Brief an einen imaginären deutschen Brieffreund. Schreiben Sie über Ihre eigene Schule und wie diese in das englische/schottische Schulsystem passt. Erklären Sie ihm die Vor- und Nachteile Ihres Schulsystems, wie Sie es persönlich sehen. Schreiben Sie mindestens 150 Wörter.

❹ Partnerarbeit. Beantworten Sie die Fragen Ihres Partners.

A7.3

Kulturmagazin 7

Uwe Timm wurde 1940 in Hamburg geboren. Seine schriftstellerische Laufbahn beginnt er 1971 als politischer Lyriker, geprägt von den Ideen der sechziger Jahre. Gesellschaftliche und politische Fragestellung spielen auch in seinen Romanen eine wichtige Rolle. Ein weiterer Beleg für Uwe Timms Lust am Erzählen sind seine Kinder- und Jugendbücher.

Für Uwe Timm ist das Schlimme an der Jugend die Tatsache, dass man noch in der Schule als Kind behandelt wird.

„Erziehung"

laß das
komm sofort her
bring das hin
kannst du nicht hören
hol das sofort her
kannst du nicht verstehen
sei ruhig
faß das nicht an
sitz ruhig
nimm das nicht in den Mund

schrei nicht
stell das sofort weg
paß auf
nimm die Finger weg
sitz ruhig
mach dich nicht schmutzig
bring das sofort wieder zurück
schmier dich nicht voll
sei ruhig
laß das

von Uwe Timm © Rudolf Otto Wiemer (Hg.), *Bundesdeutsch – Lyrik zur Sache Grammatik*, Peter Hammer Verlag, Wuppertal, 1974

• Was wird in diesem Gedicht kritisiert?
• Wie sollte „Erziehung" Ihrer Meinung nach aussehen?

8 Die Welt der Arbeit

Inhalt

Kommunikationsziele

- Lebenslauf und Bewerbungen schreiben
- sich in einem Vorstellungsgespräch behaupten
- Fax, Memos, Geschäftsbriefe schreiben

„ **Die Arbeit ist ein großer, wichtiger Teil unseres Lebens, aber es gelingt nicht jedem den „richtigen" Beruf zu finden. Man sagt, es wird bald leichter sein, sich besser über Berufe informieren zu können und eine bessere Auswahl zu haben. Immer mehr Unternehmen nutzen schon das weltweite Computernetzwerk als grenzenlosen Stellenmarkt. Auch für Stellenanzeigen wird das Internet immer beliebter. Aber eine einfache Frage bleibt nach wie vor nicht leicht zu beantworten: Warum arbeiten wir eigentlich?** "

THEMA 1

Ich möchte mich bewerben!

„Aller Anfang ist schwer" heißt der Spruch, aber Jugendliche können sich ihren Einstieg in die Welt der Arbeit leichter machen, wenn sie gut vorbereitet sind.

▷ Stellenanzeigen

STELLENANGEBOTE

A

Die Chance Ihres Lebens!
Vertriebsleiter gesucht
DM 35.000 mtl. und mehr möglich.
Fordern Sie jetzt Ihre Gratis-
Infobroschüre an
24 h Band: 0 89/89 12 99 31

IHRE CHANCE!
Internationales Unternehmen
expandiert in Deutschland.
Selbstständig arbeitende Mitarbeiter
gesucht.
300.000,- DM p.a. möglich!
Eurobusiness, Tel. 07247/96 38 33

B

C

Suchen liebevolle, engagierte
Betreuung
für zwei Kinder (3½ und 1½ Jahre),
Vollzeit, Wohnung wird gestellt, exzellente
Bedingungen, ab April.

Zuschriften unter DW 40962
an DIE WELT, Brieffach 2456,
20350 Hamburg

D

**Suchen qualifizierten
Dachdeckermeister**
Dienstort ist Oberösterreich,
überdurchschnittlicher Verdienst,
Datec Dach GmbH, Tel. 0043/7734/25 89

E

Multinationaler mittelständiger Zulieferer der
Automobilindustrie sucht eine

Sekretärin für die Geschäftsführung

Unser Mandant befindet sich in einer dynamischen
Unternehmensentwicklung mit Sitz der Zentrale im
Raum Nürnberg. Für diese Schlüsselposition sind
hohe Anforderungen in Erfahrungswissen,
Teamfähigkeit sowie Engagement Voraussetzung: Sie
sollten über gute Englischkenntnisse verfügen.
Spanischkenntnisse wären von Vorteil.
Ihre ausführlichen Bewerbungsunterlagen senden Sie
bitte an

HOBA GmbH
Unternehmensberatung
Eschersheimer Landstraße 311
60320 Frankfurt/Main

F

Die Schweizerische Rückversicherungs-Gesellschaft
sucht zur Verstärkung des Sprachendienstes am Standort
Zürich ab sofort Übersetzer für zunächst 18 Monate.
Berufserfahrung wäre wünschenswert, ist aber keine
Bedingung.

Die Themen der Übersetzungen drehen sich nicht
allein um die Rückversicherung, sondern betreffen auch
so unterschiedliche Gebiete wie Finanzen, Klima und
Umwelt, Medizin und Technik.

Englisch ist Ihre Muttersprache. Neben sehr guten
Deutschkenntnissen können auch andere
Sprachkenntnisse von Vorteil sein. Besitzen Sie ein
abgeschlossenes Sprach- oder Übersetzerstudium oder
einschlägige Berufserfahrung? Dann senden Sie Ihr
Bewerbungsschreiben bis zum 27. November an Theres
Zannini, Schweizerische Rückversicherungs-Gesellschaft,
Mythenquai 50/60, P.O. Box, CH – 8022 Zürich, oder per
Fax 0041 1 285 4191.

Swiss Re

Im Internet können Sie mehr über die Schweizer
Rück erfahren: www.swissre.com.

G

**Wir suchen Menschen, die
Immobilienmakler werden wollen**
Fordern Sie unser „Gratisinfo" an:
• TECO GmbH
• Königin-Luise-Straße 89 b
• 14195 Berlin
Tel. 030/8 32 80 91

H

? UNREALISTISCH ?
Was wäre wenn's
stimmt und Sie haben
nicht angerufen?
**Von zu Hause
5–25 000 DM mtl.**
oder mehr, je nach Einsatz
möglich
kostenl. Broschüre:
02382/6 26 72,
Fax 70 25 25

❶ 📑 Lesen Sie die Stellenangebote und finden Sie die Synonyme in den Anzeigen.

Beispiel: Gelegenheit = Chance

a Chef
b freiberuflich
c besser als normal
d Kunde

e Stelle, die sehr wichtig ist
f Ort, wo man arbeitet
g schicken
h weltweite Gesellschaft

❷ Beantworten Sie jetzt die folgenden Fragen.

a In welcher Stadt würde die Sekretärin arbeiten?
b HOBA GmbH ist eine Zulieferfirma der Automobilindustrie: Richtig oder falsch? Begründen Sie Ihre Antwort.
c Wo könnte man als Übersetzer arbeiten (Stadt und Land)?
d Für wie lange ist die Stelle?
e Welche Sprachen muss man für diese Stelle können?
f In welchem anderen Land (außer Deutschland) könnte man arbeiten? Als was?
g Welche drei Angebote erwähnen nicht genau, welche Arbeit gemacht wird?

STELLENGESUCHE

1
Immobilien-Abteilungsleiter / Vertrieb / Marketing
30 J., verh., 1 Kind, gepfl. Äußeres, kfm. Ausbildung, absol. zuverlässig u. loyal. Spezialist f. Verkauf, Vermietg. u. Einwartung v. Wohn- u. Gewerbeimmobilien. Erfahrung in der Akquisition, Planung u. Durchführung v. Bauträgermaßnahmen, sehr gute Kenntnisse im Immobilien-Vertragsrecht, mehrjährige Berufserfahrung, sucht neuen Wirkungskreis im Raum NRW. Zuschriften unter DW 44659 an DIE WELT, Brieffach 2456, 20350 Hamburg

2
Dipl.-Kfm., Dipl.-Ing.
biete freie Mitarbeit bei Projekten, Organisation, Controlling. Untern.-Aufbau, Sanierung, Sonderaufgaben. Zuschriften unter DW 44657 an DIE WELT, Brieffach 2456, 20350 Hamburg.

3
Gebildete grauhaarige Witwe verkauft spielend alles Edle. Saisonjob an der See gesucht!
Zuschr. unter DW 44658 an DIE WELT, Brieffach 2456, 20350 Hamburg

4
Kaufmann
31 J., in ltd. Position in intern. Konzern tätig, ergebnisorient., flex. u. belastb., breites Erfahrungsspektrum su. neue Herausforderung. Zuschriften bitte unter DW 44656 an DIE WELT, Brieffach 2456, 20350 Hamburg

5
Erzieherin
mit Auslandserfahrung in Kanada sucht eine Anstellung in einer Familie im Raum Düsseldorf oder Köln. Nimmt auch Urlaubsvertretungen an. Zuschriften unter DW 40642 an DIE WELT, Brieffach 2456, 20350 Hamburg

6
Sie haben nachweislich einen guten Markennamen und suchen einen verlässlichen, seriösen
REPRÄSENTANTEN
im PLZ-Gebiet 3, auch wenn er schon 58 Jahre alt ist??? Bitte keine Versand / Immob. / Finanz. Meine letzte Stelle: 36 Jahre!!! Sie können sich auf mich verlassen. Meine PLZ 38. Lassen Sie uns ein vertrauliches Gespräch führen. FAX 05381/42 16

❸ Suchen Sie die Abkürzungen in den Stellenanzeigen, dann den passenden englischen Ausdruck.

Beispiel: a flex. u. belastb. = 3 *flexible and hard-working*

a	flexibel und belastbar	**h**	leitend(er)	**1**	*commercial / business*	**8**	*married*
b	für	**i**	monatlich	**2**	*Company Limited*	**9**	*of*
c	Gesellschaft mit	**j**	Postleitzahl	**3**	*flexible and hard-working*	**10**	*per month*
	beschränkter Haftung	**k**	sucht	**4**	*for*	**11**	*postcode*
d	international(em)	**l**	verheiratet	**5**	*free*	**12**	*replies*
e	Jahre (alt)	**m**	von	**6**	*international*	**13**	*seeks*
f	kaufmännisch(e)	**n**	Zuschriften	**7**	*leading*	**14**	*years old*
g	kostenlos(e)						

❹ Welches Angebot passt zu welchem Gesuch? Erklären Sie kurz warum, auch wenn kein Angebot möglich wäre.

Beispiel: Gesuch 1: Angebot G (viel Erfahrung in Immobilien)

a Gesuch 2: Angebot… **c** Gesuch 4: Angebot… **e** Gesuch 6: Angebot…

b Gesuch 3: Angebot… **d** Gesuch 5: Angebot…

❺ **Partnerarbeit.** Schauen Sie sich die Stellenangebote noch einmal an. Für welchen Job interessieren Sie sich und warum? Besprechen Sie Ihre Wahl mit Ihrem Partner.

Beispiel: Ich interessiere mich für…, weil…

GRAMMATIK

um… zu…

Wenn man den Zweck einer Sache (oder einer Handlung) ausdrücken will, benutzt man „um" am Anfang des Satzes und „zu" mit dem Infinitiv am Ende. (Mit trennbaren Verben steht „zu" zwischen dem Präfix und dem Infinitiv.)

Wenn ein Nebensatz am Anfang steht, beginnt der Hauptsatz nach dem Komma mit einem Verb!

Um sich über technische Berufe **zu** informieren… **Um** sich richtig vor**zu**bereiten, muss man viel lesen.
To find out more about technical jobs… *To prepare yourself properly, you have to read a lot.*

ZUM ÜBEN

Verbinden Sie die Satzteile mit „um… zu…".

Beispiel: Sie müssen rechtzeitig an einen Beruf denken – die richtige Wahl treffen
= Sie müssen rechtzeitig an einen Beruf denken um die richtige Wahl zu treffen.

1 Man geht in ein Arbeitsamt – sich über Berufe informieren
2 Schüler müssen viele Berufe kennen – den richtigen finden
3 Familie und Beruf vereinbaren – man muss sich die Probleme gut überlegen
4 Man muss viele Informationen haben – eine Entscheidung treffen
5 gute Aufstiegschancen haben – Sie müssen fleißig arbeiten

➤ Die Bewerbung

Woran soll man bei der Berufswahl denken? Sie hören einige Tipps.

näher rücken to approach	**aufklären** (*sep.*) to explain
anerkannt (*verb*: **anerkennen**) recognised	**die Zerspanungsmechanikerin** (-nen) machine-tool
eine Entscheidung treffen to make a decision	operator
die Begabung (-en) gift, talent	**der Aufstieg** (-e) promotion
die Tätigkeit (-en) activity	**vereinbaren** to combine
zukünftig future	**ablehnend** (*sep. verb*: **ablehnen**) (here) negative
örtlich local	**abschrecken** (*sep.*) to frighten off
umfassend comprehensive(ly)	**die Weichen** (*pl.*) **stellen** to set the course

❶ ◆◆ Hören Sie gut zu. Welche sieben Tipps werden in anderen Worten im Text erwähnt?

Beispiel: a, …, …

a Denken Sie vor dem Schulabschluss an einen Beruf.

b Informieren Sie sich über eine gute Auswahl von Berufen.

c Treffen Sie sich mit Freunden um die Berufswahl zu besprechen.

d Wählen Sie einen Beruf, der Ihren Interessen entspricht.

e Wenn Sie ein Mädchen sind, machen Sie nichts.

f Sprechen Sie mit Personen, die gute Auskunft über einen Beruf geben können.

g Stellen Sie fest, was genau Sie in einem Beruf erwarten können.

h Verdienen Sie so viel wie möglich, bevor Sie einen anderen Beruf wählen.

i Überlegen Sie sich, wie wichtig die Arbeit in Ihrem Leben ist.

j Kurz gefasst: Bestimmen Sie selbst Ihre Zukunft.

❷ Hören Sie noch einmal gut zu und füllen Sie die Lücken in den folgenden Sätzen aus. Wählen Sie das richtige Wort / die richtigen Wörter aus dem Hörtext.

a Gegen Ende Ihrer Schulzeit müssen Sie daran denken, was Sie für einen Beruf … sollen.

b Um bessere Chancen zu haben, denken Sie nicht nur an die wenigen … , die Sie schon kennen.

c Es gibt über … anerkannte Ausbildungsberufe in Deutschland.

d … junge Frauen beschränken sich auf zu wenige der Berufe, die ihnen offen stehen.

e Die … ist nicht einfach, aber sehr wichtig.

f Junge Frauen sollten sich von ihren individuellen … und … leiten lassen.

g Um sich über technische Berufe zu informieren, gehen Sie in … , Berufsinformationszentren oder auch örtliche Industrie- und Handelskammern.

h Wie sind die Ausbildungs- und … , die Zukunftschancen und die Verdienstmöglichkeiten?

i Junge Frauen sollten sich dazu auch überlegen, inwieweit sie Familie und Beruf miteinander … möchten.

j Lassen Sie sich gründlich informieren, aber treffen Sie selbst die Entscheidung über Ihre …

▷ Bewerbungen und Lebenslauf

Wie drückt man sich am besten aus, wenn man sich um eine Stelle bewerben
will? Was sollte man beilegen? Hier sind einige Ideen.

LERNTIPP

Das Bewerbungsschreiben

Setzen Sie den Brieftext sachlich und übersichtlich auf. Er sollte nur die Fakten enthalten, die
der Personalchef braucht, um Ihre Voraussetzungen mit denen anderer Bewerbern vergleichen
zu können. Gags und Verzierungen sollten Sie in einem Bewerbungsschreiben nicht haben,
allerdings auch keine Radierflecken oder Schreibfehler (bitten Sie jemanden um Hilfe, der in
Orthografie und Grammatik sattelfest ist). Wichtig dagegen ist eine Begründung, warum Sie
sich gerade bei diesem Unternehmen um eine Ausbildungsstelle bewerben.

Ihr Bewerbungsschreiben muss enthalten:

- Ihren Absender:
  Ausgeschriebener Name und Vorname,
  Straße und Hausnummer, Postleitzahl und
  Wohnort, Telefonnummer.
- Die vollständige Adresse des
  angeschriebenen Unternehmens:
  Falls Bezugsperson angegeben, in die
  Adresse mit aufnehmen, falls nicht, an
  Personalabteilung adressieren.
- Datum
- Betreff:
  z.B. Ihr Ausbildungsplatz-Angebot zum
  Bürokaufmann, „Bewerbungs-Tipps".

- Anrede:
  Falls Bezugsperson angegeben: „Sehr geehrter
  Herr XYZ,"
  Falls keine Bezugsperson angegeben: „Sehr
  geehrte Damen und Herren,"
- Brieftext:
  Der nachfolgende Text beginnt mit einem klein
  geschriebenen Buchstaben, da die Anrede mit
  einem Komma abgeschlossen wird.
- Grußformel:
  „Mit freundlichen Grüßen"
- Hinweis auf beigefügte Unterlagen:
  Anlagen (z.B. 2 Zeugniskopien, Lebenslauf, Foto).

Zum Stil des Schreibens:

- Schreiben Sie in der Gegenwartsform, z.B. „Ich bitte um einen Vorstellungstermin."
- Vermeiden Sie Konjunktive, z.B. „Ich würde mich sehr freuen…"
- Verzichten Sie auf Übertreibungen, z.B. „… macht mir die Arbeit im Büro
  wahnsinnigen Spaß."
- Hüten Sie sich vor Selbstüberschätzung, z.B. „… wäre ich überaus glücklich, sehr
  geehrter Herr Personalleiter, wenn Sie mir die Gelegenheit gäben, Ihnen meine
  Fähigkeiten persönlich vorstellen zu dürfen…"
- Schreiben Sie keine komplizierten Sätze.
- Formulieren Sie kurz und präzise.

Der Lebenslauf

Gliedern Sie Ihren Lebenslauf übersichtlich. Er sollte lückenlos sein. Wenn Sie z.B. drei Monate
durch Europa getrampt sind, muss dieser Zeitraum aufgeführt werden. Sie sollten auch Ihre
Hobbys und Interessen erwähnen.

ABSCHLUSSZEUGNIS

Lilo Lehrling
Am Schulhof 3
41210 Lohnstadt

Lebenslauf

geboren: 15.06.1981 in Moers
Vater: Manfred Lehrling, Optikermeister
Mutter: Martina Lehrling, Heilpraktikerin
1987 bis 1992 Besuch der Grundschule
1992 bis 2000 Besuch des Karl-Albrecht-
Gymnasiums in Lohnstadt
2000 Abitur
April 1997 2-wöchiges Praktikum bei Josef Prinz,
Steuerberatungsbüro, Lohnstadt
Juli 1998 3-wöchiges Praktikum bei Assekuranz
Versicherungen, Krefeld
Juli / Aug. 1999 Aufenthalt in Tampa, USA
bei einer Gastfamilie
Meine Hobbys: Schachspielen
Jazz Dance
Volleyball (Mannschaftsmitglied)
Reisen
Ich gebe seit 3 Jahren regelmäßig
Nachhilfeunterricht in
Mathematik

Lilo Lehrling
Am Schulhof 3
41210 Lohnstadt

25. September

Universal Versicherung
Personalabteilung
Postfach 7777
41210 Lohnstadt

Ihre Anzeige in „Bewerbungs-Tipps"

Sehr geehrte Damen und Herren,
hiermit bewerbe ich mich um den angebotenen
Ausbildungsplatz zur Versicherungskauffrau.
Ich werde im Juni 2000 das hiesige Karl-Albrecht-
Gymnasium mit dem Abitur verlassen. Während eines
Praktikums bei einem Steuerberater und einem weiteren
in einem Krefelder Versicherungsunternehmen habe ich
festgestellt, dass mir sowohl der Umgang mit Menschen
wie auch mit Zahlen liegt. Seitdem habe ich den Wunsch
beides beruflich zu verbinden.
Bitte geben Sie mir Gelegenheit zu einem persönlichen
Vorstellungsgespräch.
Mit freundlichen Grüßen

Lilo Lehrling

Anlagen:
Lebenslauf mit Foto
2 Zeugniskopien

Bewerbungs-Tipps

Lesen Sie die Tipps auf Seite 94. Sind die folgenden Aussagen richtig oder falsch? Verbessern Sie die falschen Aussagen.

1 Sie sollten einen langen, ausführlichen Bewerbungsbrief schreiben.
2 Es ist gut, wenn Sie einen Gag dabei haben.
3 Der Grund für Ihre Bewerbung muss deutlich sein.
4 Sie müssen den Brief richtig anlegen.
5 Sie müssen immer „Sehr geehrte Damen und Herren" schreiben.
6 Anlagen sind andere Papiere, die sie beifügen.
7 Sie müssen sehr glücklich bei der Arbeit sein.
8 Ihr Lebenslauf soll eine kurze Liste Ihrer Interessen enthalten.

GRAMMATIK

Seiten 168–169, § 7.4

W-Fragen

Der Anfangsbuchstabe dieser Wörter ist „w" und sie stehen alle am Anfang einer Frage. Darauf folgt das Verb, dann das Subjekt.

Wann / Wo haben Sie die Anzeige gesehen?
When / Where did you see the advertisement?
Warum wollen Sie sich um diese Stelle bewerben?
Why do you want to apply for this post?
Was sind Sie von Beruf?
What job do you do?
Was für eine Stelle suchen Sie?
What sort of position are you looking for?

Welche Erfahrungen haben Sie?
What experience do you have?
Wie wird die Ausbildung ablaufen?
How will the training be done?
Wie viele Auszubildende gibt es?
How many apprentices are there?

ZUM ÜBEN

Lesen Sie den Lebenslauf auf Seite 95. Hier sind die Antworten, aber wie heißen die Fragen?

Beispiel: Am 15. Juni.
= Wann sind Sie geboren? *Oder:* Wann haben Sie Geburtstag?

1 Sie ist Heilpraktikerin.
2 Das Karl-Albrecht-Gymnasium.
3 Zwei Wochen.
4 Bei einer Gastfamilie in Tampa.
5 Ja, für Volleyball.
6 Schachspielen, Jazz Dance, Volleyball und Reisen.
7 Weil ich Geld dabei verdienen kann.

❶ **Zum Schreiben.** Sehen Sie sich den Lerntipp und die Beispiele noch einmal an. Wählen Sie jetzt eins der Stellenangebote auf Seite 90 und schreiben Sie eine Bewerbung dafür. Die folgenden Fragen könnten Ihnen beim Schreiben behilflich sein.

- Wo haben Sie die Anzeige gesehen?
- Welche Erfahrungen haben Sie in diesem Bereich?
- Warum wollen Sie sich um diese Stelle bewerben?
- Wann könnten Sie anfangen?
- Was erwarten Sie von dieser Stelle?

❷ **Partnerarbeit.** Ein Partner bewirbt sich als Auszubildender, der andere ist Personalleiter einer Firma. Zusammen führen Sie ein Vorstellungsgespräch.

A8.1

„In Amt und Würden"

Auch als Neuanfänger kann man in einigen Bereichen mehr als der Vorgesetzte wissen, aber es gibt immer etwas zu lernen.

▷ Nachricht auf dem Anrufbeantworter

An Ihrem neuen Arbeitsplatz finden Sie eine Nachricht aus Deutschland auf Ihrem Anrufbeantworter. Ihr Chef versteht sehr wenig Deutsch. Er hat die Nachricht gehört und ein Memorandum für Sie geschrieben.

❶ 🔲🔲 Hören Sie sich jetzt die Mitteilung auf dem Anrufbeantworter an. Mit Hilfe eines Wörterbuches übersetzen Sie die Hauptpunkte für Ihren Chef ins Englische.

❷ Zum Schreiben. Ihr Chef reagiert mit einem Memorandum auf die Nachricht auf dem Anrufbeantworter. Er bittet Sie seine Mitteilung auf Deutsch in einem Fax an Frau Pedanski zu schicken. Schreiben Sie dieses Fax.

I've just listened to the message on the answerphone. As far as I can make out, the caller is talking about my visit to the computer fair in Hanover. Can you tell me who is calling, and exactly what information they want about my journey. Will they be booking flights? What about an hotel? Have they fixed any meetings for me while I'm there?
Is there anything else I should know?

FAX

An: Frau Pedanski
Von: Richard Coleman
Datum: den 7. Januar
Betr.: Computermesse

Ich danke Ihnen für Ihren heutigen Anruf...

❸ Partnerarbeit. Am nächsten Morgen ruft Frau Pedanski noch einmal an, denn ihre Faxmaschine hat nicht richtig funktioniert. Bereiten Sie ein Telefongespräch mit Frau Pedanski vor und erklären Sie ihr alles, was im Fax war. Wenn Sie etwas vergessen, muss „Frau Pedanski" weitere Fragen stellen. Vergessen Sie nicht, sich gegenseitig richtig zu grüßen und zu verabschieden.

I'll fly out on the afternoon of the 7th and come back on the 10th (around lunchtime if there's a flight then), so I'll need an hotel room for three nights — somewhere near the city centre if possible, and not too expensive. I'll be travelling alone because Judy Nolan can't make it this time — send her apologies, please. It would be nice if they could pick me up from the airport, no need for a hire car, then we could have dinner together and discuss a few things. Would that be possible? Can you ask for details of how to get to the exhibition centre by public transport. Thank them for arranging the meeting with Herr K. and for the article.
Richard C.

▷ Ein Brief von Frau Pedanski

In der nächsten Woche bekommt Herr Coleman einen Brief von Frau Pedanski, in dem sie die Buchungen bestätigt.

❶ 📄📄 Übersetzen Sie mit Hilfe eines Wörterbuches den Brief für Ihren Chef.

❷ Zum Schreiben. Schreiben Sie eine kurze Antwort auf den Brief für Ihren Chef. Bedanken Sie sich bei Frau Pedanski und sagen Sie, dass Mr Coleman sich schon auf den Besuch freut.

❸ Lesen Sie jetzt den Artikel „Technik – Das Büro in der Hand" auf Arbeitsblatt 8.2 und bearbeiten Sie die Aufgaben.

⟩ A8.2 ⟩

Ursula Pedanski
Rainhardt und Kohl GmbH
Altenberger Weg
30159 Hannover

den 12. Januar

Mr Richard Coleman
CommIT Ltd
Kingston Trading Estate
Northampton NN3 4XX

Betr. CeBIT vom 8. bis 13. März

Sehr geehrter Mr Coleman,
vielen Dank für Ihr Faxschreiben vom 7. Januar. Wir haben für Sie die folgenden Flüge bei Lufthansa reserviert:
    7. März, 16.00 Uhr von London-Heathrow nach Hannover (Ankunft 18.30 Uhr)
    10. März, 11.50 Uhr von Hannover nach London-Heathrow (Ankunft 12.15 Uhr)

Sie werden die Flugscheine innerhalb zwei Wochen direkt von unserer Reiseagentur bekommen.

Ich werde Sie persönlich vom Flughafen abholen und Sie zu Ihrem Hotel fahren. Sie haben ein Einzelzimmer für drei Nächte (vom 7. bis zum 10. März) im *Hotel Zum Goldenen Adler*: Das kostet 120 DM pro Nacht (inkl. Frühstück) und es ist etwa 10 Minuten zu Fuß vom Hauptbahnhof in der Stadtmitte und nur fünf Minuten von unserem Büro entfernt. Ich schicke Ihnen eine Broschüre darüber sowie Fahrpläne für die Busse, die zur Messe fahren.

Ich hoffe, ich werde am 7. März mit Ihnen und mit Herrn Rainhardt zu Abend essen können, aber das muss ich später bestätigen.

In der Zwischenzeit verbleiben wir

mit freundlichen Grüßen

Ursula Pedanski   Ursula PEDANSKI

GRAMMATIK

Seite 169, § 7.5a ⟩

Nebenordnende Konjunktionen

Die Konjunktionen „und", „oder", „aber", „denn" und „sondern" verbinden zwei Sätze ohne die Wortstellung zu ändern. Vor „aber", „denn" und „sondern" braucht man ein Komma.

Am nächsten Morgen ruft Frau Pedanski noch einmal an, **denn** ihre Faxmaschine hat nicht richtig funktioniert.
Frau Pedanski rings again the next morning for (because) her fax machine didn't work properly.
Ich hoffe, ich werde... mit Ihnen... essen können, **aber** das muss ich später bestätigen.
I hope I will be able to dine with you... but I'll have to confirm that later.

ZUM ÜBEN

Verbinden Sie die folgenden Sätze mit einer Konjunktion aus dieser Liste: und, aber, oder, denn, sondern.

Beispiel: Ich fliege am 7. los. Ich bin am 10. wieder da.
        = Ich fliege am 7. los **und** (ich) bin am 10. wieder da.

1 Frau Nolan möchte mitfahren. Sie kann leider nicht.
2 Ich fahre nicht mit dem Auto. Ich fahre mit dem Bus.
3 Er will im Stadtzentrum sein. Es gibt dort gute Restaurants.

Kulturmagazin **8**

Reinhard Mey (geboren 1942 in Berlin) wurde zuerst während der sechziger Jahre bekannt. Zu seinem ersten Lied, „Ich wollte wie Orpheus singen" (1964), sagte man: „Da hatten wir einen, der hinreißende Liebeslieder schreiben und mit sanfter Stimme zu Melodien singen konnte." In mehr als 30 Jahren hat Reinhard Mey davon gesungen, was ihn ärgert, freut, bewegt.

Hier macht der Vertreter nur seine Arbeit – er versucht dem Sänger einen Globus zu verkaufen.

„Vertreterbesuch"

1 Gestern Mittag um halb eins klingelt es an meiner Tür, / ich geh' hin und mach' auf und da steht ein Mann vor mir, / der sagt: „'Tschuldigen Sie die Störung, Guten Tag, / komme von der Firma Lehmanns Geographischer Verlag. / Hier ist unser Vierfarbkatalog, wähl'n Sie in Ruhe aus. / Unser Slogan: Lehmanns Globus gehört in jedes Haus!"

2 „Wenn Sie mir gestatten, rat' ich Ihnen Modell acht. / Wird von innen her beleuchtet und aus Plexiglas gemacht. / Maßstab eins zu hunderttausend, Vierfarbdruck für jedes Land: / Grenzen, Städte, Kolonien sind auf dem neuesten Stand. / Erläuterung und Legende liefern wir kostenlos mit. / Lieferfrist ist vierzehn Tage, woll'n Sie Teilzahlungskredit?"

3 Danach muß er Luft holen und das nutz' ich blitzschnell aus. /
Ich sag': „Ich brauch' keinen Globus, ich hab' schon einen zu Haus, /
zwar von 1780, wie ich eingestehen muß, /
doch dafür ist er signiert von Doctor Serenissimus! /
Er zeigt die fünf Kontinente, sieben Meer' und ich sag: /
Daran hat sich nichts geändert, bis auf den heutigen Tag!"

4 Wozu brauch' ich die Grenzen und wozu die Kolonien, /
wenn die Mächtigen der Welt die Grenzen wöchentlich neu ziehn! /
Ebenso ist's mit den Städten, weil mir niemand garantiert, /
daß nicht morgen ein Verrückter ganze Städte ausradiert! /
Und wenn die Versuche glücken, sprengen die die ganze Welt! /
Geb'n Sie zu, dann ist ein Globus doch nur rausgeschmiss'nes Geld!

5 Verstehn Sie, daß mit mir kein Geschäft zu machen ist? Andrerseits bin ich kein rabenschwarzer Pessimist. / Eines Tages kommt der Frieden, eines Tages siegt der Verstand – / doch bis an den Tag gehn sicher viele Jahr' noch durchs Land. / Schreiben Sie in ihr Notizbuch für das Jahr zweitausenddrei: / Nicht vergessen zu besuchen: Wegen Globus zu Herrn Mey!

von Reinhard Mey, *Vertreterbesuch*
©Reinhard Mey/Intercord Tonträger GmbH

- Was ist in den ersten zwei Strophen charakteristisch von einem solchen Vertreter?
- Wann ist es dem Sänger endlich möglich zu sprechen?
- Warum will er eigentlich kein neues Globus?

Gleichheit am Arbeitsplatz?

„Empörend, aber wahr: Noch immer verdienen Frauen durchschnittlich 30 Prozent weniger als ihre Kollegen."

▷ Interview: Mehr Geld für Frauen!

Margareta Wolf, die Bundestagsabgeordnete von Bündnis 90 / Die Grünen, kämpft für Lohngerechtigkeit.

> **der Gesetzentwurf (-entwürfe)** (draft) bill
> **das Verhandlungsgeschick (*no pl.*)** negotiating skill
> **von vornherein** from the outset
> **die Belastung (-en)** strain, burden
> **die Gewerkschaft (-en)** trades union
> **vertreten** to represent
> **die Lohngerechtigkeit (*no pl.*)** fair pay
> **nach wie vor** still, as always

❶ 👀 Hören Sie sich das Interview an und bringen Sie die Sätze auf Arbeitsblatt 8.3 in die richtige Reihenfolge.

A8.3

❷ Diese Zusammenfassung des Interviews hat acht inhaltliche Fehler. Schreiben Sie den Bericht richtig auf.

> Frau Wolf meinte, dass Frauen in puncto Geld fast immer im Vorteil seien. Männer seien für die gleiche Arbeit unterbezahlt. Außerdem werde beim LKW-Fahrer genau beschrieben, wie hart der Job auch körperlich sei, während man bei der Aufgabenbeschreibung einer Kauffrau kein Wort von der physischen und psychischen Belastung finde.
>
> Wenn Frauen in Verbänden, Geschäften und in der Polizei Funktionen übernehmen würden, so könnten sie ihre Interessen vertreten. Nach Frau Wolf fordern die meisten Frauen in Verhandlungen viel zu viel.
>
> Ein Kommunist würde die Umsetzung der Forderung „gleicher Lohn für Männer und Frauen" überwachen. Damit, behauptete Frau Wolf, werde das Problem keineswegs sichtbar.

❸ Hören Sie sich das Interview noch einmal an und beantworten Sie die folgenden Fragen.

  a In welchen Bereichen sind laut Interview Frauen besser bezahlt als Männer?

  b Was können Frauen tun um die Lage zu verbessern? (Nennen Sie mindestens zwei Punkte.)

  c Was will Frau Wolf dafür machen?

GRAMMATIK | Seite 165, § 5.9b | G8.1

Indirekte Rede (Konjunktiv)

Wenn man berichtet, was jemand gesagt oder gedacht hat, benutzt man den Konjunktiv. Wenn die direkte Rede im Präsens ist, so ist die indirekte Rede auch im Präsens des Konjunktivs. Man kann auch „dass" an den Anfang des Satzes stellen, dann muss das Verb ans Ende des Satzes.

> Frau Wolf meinte, dass Frauen in puncto Geld fast immer im Vorteil **seien**.
> *Frau Wolf thought that, as far as money was concerned, women were almost always at an advantage.*
> Außerdem **werde** beim LKW-Fahrer genau beschrieben,...
> *Besides, for a lorry driver there is a precise description...*
> ... während man... kein Wort von der... Belastung **finde**.
> *... whereas there's no mention of the pressure.*
> Damit, behauptete Frau Wolf, **werde** das Problem keineswegs sichtbar.
> *In that way, Frau Wolf maintained, the problem would not be at all apparent.*

ZUM ÜBEN

Setzen Sie die folgenden Sätze in die indirekte Rede.

Beispiel: Sie sagte: „Ich bin sehr gut bezahlt."
       = Sie sagte, sie sei sehr gut bezahlt.
       Oder: Sie sagte, dass sie sehr gut bezahlt sei.

1 Die Männer sagten: „Wir sind besser bezahlt."
2 Der Chef meinte: „Das Problem wird sich bald lösen."
3 Mein Freund behauptete: „Die Gewerkschaften werden zu stark."
4 Der Minister sagte: „Ich kämpfe für Lohngerechtigkeit."
5 Die Krankenschwester meinte: „Die psychische Belastung ist zu groß."

❹ **Partnerarbeit.** Was sagt man über verschiedene Berufe? Wählen Sie einen Beruf und erzählen Sie einem Partner, was man darüber sagt. Versuchen Sie sowohl die guten als auch die schlechten Seiten darzustellen. Benutzen Sie Verben wie „sagen", „behaupten" und „meinen".

Beispiel:

Viele Leute behaupten, dass ein Lehrer zu viel verdiene und sehr faul sei. Andere meinen im Gegenteil, dass die Ferien nicht lang genug seien: Ein Lehrer brauche die Zeit um sich richtig auszuruhen. Ich kenne einen Lehrer, der sagt, er könne auch in den Ferien an nichts anderes als Schule denken. Er werde bald verrückt!

❺ **Zum Schreiben.** Was meinen Männer und Frauen über ihre Kollegen? Schreiben Sie einen Bericht über die verschiedenen Meinungen. Sie können die folgenden oder andere Meinungen als Startpunkt benutzen. Stellen Sie sie in die indirekte Rede.

Herr A: Frauen sind intelligenter als Männer, arbeiten fleißig, sind zuverlässig.
Herr B: Frauen sind unzuverlässig, neurotisch, immer krank, haben keinen Humor.
Frau C: Männer sind rücksichtslos, nehmen sich zu ernst, verlangen zu viel.
Frau D: Männer verstehen die Technik, haben einen besseren Geschäftssinn.

▷ Chef oder Chefin – wem trauen Frauen mehr zu?

Einen großen Teil unseres Lebens verbringen wir am Arbeitsplatz. Kein Wunder, dass der Betrieb, die Firma, das Geschäft für viele eine Art Zweitfamilie darstellen. Und nichts hat so viel Einfluss auf das Befinden am Arbeitsplatz wie die Persönlichkeit des Chefs oder der Chefin: Unfähige Vorgesetzte gehören zu den häufigsten Frustauslösern im Job.

Dabei hat sich das Bild des Chefs in den letzten Jahrzehnten gewandelt. Früher waren patriarchalische Qualitäten beim Vorgesetzten ausdrücklich gewünscht, inzwischen ist der Typ des bestimmenden Machtmenschen out. Verlangt wird vom „Chef 2000" vor allem, was man emotionale Intelligenz nennt: Einfühlungsgabe und Integrationsvermögen.

Zugleich steigen immer mehr Frauen in Führungspositionen auf. Das Institut für Rationale Psychologie in München hat im Auftrag der FÜR SIE gefragt, was Frauen von ihrem idealen Chef erwarten – und welche Eigenschaften sie eher den männlichen oder den weiblichen Vorgesetzten zuschreiben würden.

Das Ergebnis zeigt, dass Fähigkeiten wie Führungseigenschaften und Fachkompetenz besonders wichtig sind. Souveränität, „natürliche" Autorität, Erfolgsorientierung und Ehrgeiz sind Eigenschaften, die die befragten Frauen eher den männlichen Chefs zuschreiben. Doch schon bei der Frage nach der Fachkompetenz wird den Chefinnen deutlich mehr zugetraut.

Verantwortungsbewusstsein, Belastbarkeit, Produktivität? Alles „harte" Qualifikationen, die Frauen vorzugsweise bei ihren Geschlechtsgenossinnen vermuten. Die moderne Betriebspsychologie verlangt menschliche Fähigkeiten: Geistige Beweglichkeit, Kreativität, Kommunikations- und Motivationsfähigkeit, Verhandlungsgeschick und die Bereitschaft zur Selbstkritik sind alle Pluspunkte für Chefinnen.

Mehr Frauen in Führungsjobs also? Die Zeiten jedenfalls, in denen es vom Chef hieß, dass er in einer Konferenz ist, während von der Chefin vermutet wurde, dass sie sich wohl gerade „die Nase pudert", sind eindeutig vorbei.

Für Sie

Frauen sind besonders zufrieden im Job, wenn...

- ich alles erledigt habe **78%**
- ich eine schwierige Aufgabe gelöst habe **51%**
- ich früher Feierabend machen konnte **36%**
- die Zusammenarbeit mit Kollegen besonders gut klappte **33%**
- meine Chefin / mein Chef meine Arbeit gelobt hat **18%**
- ich mich in einer besonderen Angelegenheit durchsetzen konnte **12%**

Was wünschen sich Mitarbeiterinnen von ihren Chefinnen?

- 96% der Frauen erwarten von ihren Vorgesetzten, dass sie fähig sind, die Mitarbeiter zu führen und anzuleiten.

  Das kann: die Chefin 68%   der Chef 75%

- 74% wünschen sich vom Chef den Mut, eigene Fehler einzugestehen.

  Das beherrscht: die Chefin 20%   der Chef 16%

- 70% finden es wichtig, dass Vorgesetzte auch unter Stress fair und gelassen bleiben.

  Das tut: die Chefin 50%   der Chef 56%

- 68% legen Wert auf ein klares Wort – ihr idealer Chef ist besonders entscheidungsfreudig.

  So verhält sich: die Chefin 67%   der Chef 74%

- 61% meinen, dass Vorgesetzte ihre Mitarbeiter motivieren und mitreißen sollten.

  Das schafft: die Chefin 38%   der Chef 30%

- 38% fühlen sich in einer kreativen Atmosphäre am wohlsten und erwarten vom Chef Einfallsreichtum.

  So ist: die Chefin 53%   der Chef 48%

der Frust (*no pl.*) frustration		**der Ehrgeiz** (*no pl.*) ambition
der Auslöser (-) cause		**die Belastbarkeit** resilience
ausdrücklich expressly		**vermuten** to assume
bestimmend (*verb*: **bestimmen**) decisive		**die Beweglichkeit** (*no pl.*) agility
das Vermögen (-) ability		**gelassen** calm, cool

❶ 📖 Lesen Sie den Text und finden Sie die Synonyme. (Der Anfangsbuchstabe wird jeweils gegeben; einige Wörter haben mehrere Synonyme.)

a Chef / Chefin = V... , M...
b Arbeitsplatz = B... , F... , G...
c Qualitäten = E... , F...
d Frauen = G...
e Kollegen = M...

❷ Machen Sie zwei Listen von Eigenschaften, die im Text als eher männlich oder weiblich dargestellt werden.

männlich	weiblich
Souveränität	Fachkompetenz

❸ Sehen Sie sich die beiden Tabellen aus dem Text an. Wählen Sie die jeweils richtige Prozentzahl.

Beispiel:

...% der Frauen wünschen sich eine Vorgesetzte / einen Vorgesetzten, die / der sie gut führt.

= 96% der Frauen wünschen sich eine Vorgesetzte / einen Vorgesetzten, die / der sie gut führt.

a ...% der Chefs haben die Bereitschaft zur Selbstkritik.
b ...% der Chefinnen können schnelle, klare Entscheidungen treffen.
c ...% der Frauen finden es gut, wenn der Chef / die Chefin ihre Arbeit lobt.
d ...% der Frauen gehen gerne früh nach Hause.
e ...% der Frauen arbeiten besser, wenn die Atmosphäre kreativ ist.
f ...% der Frauen fühlen sich wohl, wenn sie mit ihren Kollegen gut arbeiten.

GRAMMATIK

Seite 152, § 2.5 — G8.2

Adjektive als Substantive

Viele Adjektive kann man als Substantive benutzen. Man schreibt den Anfangsbuchstaben des Adjektivs groß, aber die passende Adjektivendung bleibt, als wenn ein anderes Substantiv da wäre. Zum Beispiel, „der alte Mann" kann man als „der Alte" ausdrücken, „die arbeitslosen Menschen" als „die Arbeitslosen". In den unten stehenden Beispielen wird das Adjektiv „vorgesetzt" benutzt.

Unfähige Vorgesetzte... (Adj. + Substantiv, Nom. Pl.)
Incompetent managers...
... Qualitäten **beim Vorgesetzten**... (Dat. Sing.)
... qualities in a manager...
... den männlichen oder den weiblichen **Vorgesetzten** zuschreiben... (Dat. Pl.)
... attribute to the male or the female managers...
96% der Frauen erwarten **von ihren Vorgesetzten**, dass... (possessives Adjektiv, Dat. Pl.)
96% of the women expect their managers to...
70% finden es wichtig, dass **Vorgesetzte**... gelassen bleiben. (kein Artikel, Nom. Pl.)
70% find it important that managers keep calm...

ZUM ÜBEN

Füllen Sie die richtige Endung ein.

1 Ein guter Vorgesetzt... soll fair sein.
2 Ich habe morgen ein Gespräch mit meiner Vorgesetzt...
3 Bei schlechten Vorgesetzt... kann man Probleme haben.
4 Vorgesetzt... und Fließbandarbeiter werden in unserer Firma gleich behandelt.
5 Ihre Vorgesetzt... heißt Frau Martens und mein Vorgesetzt... ist Herr Gruber.
6 Wir sollten den Vorgesetzt... mehr zutrauen.

❹ **Partnerarbeit.** Stellen Sie sich vor, Sie führen ein Vorstellungsgespräch. Sie arbeiten in der Personalabteilung einer Firma und möchten wissen, wie der Kandidat / die Kandidatin auf eine weibliche Vorgesetzte reagiert. Er / Sie darf auch fragen, welche Eigenschaften die Geschäftsführerin hat, wie sie die Firma führt, was die Mitarbeiter von ihr halten. Bereiten Sie ein paar Fragen und Eigenschaften vor, führen Sie dann das Gespräch.

❺ **Zum Schreiben.** Sie sind Angestellter bei einer Firma. Die lokale Zeitung möchte die besten und die schlechtesten Chefs / Chefinnen in der Gegend finden. Beschreiben Sie Ihren Chef / Ihre Chefin in einem Brief an die Zeitung. Begründen Sie die Eigenschaften, die Sie ihm / ihr geben, und geben Sie ein paar Beispiele, die zeigen, wie gut / schlecht er / sie ist.

Oder: Sie sind Geschäftsführer eines Unternehmens mit 40 Mitarbeitern. Die lokale Zeitung will ein Profil von Ihnen veröffentlichen. Schreiben Sie einen Bericht, in dem Sie beschreiben, wie Sie die Firma führen. Welche Eigenschaften haben Sie? Wie reagieren Sie auf Probleme? Was erwarten Sie von den Mitarbeitern? Was erwarten die Mitarbeiter von Ihnen?

9 Das Transportwesen

Inhalt

Kommunikationsziele

- Zweifel und Sorge ausdrücken
- zustimmen oder etwas anders sehen
- sich über etwas beschweren
- Vorlieben ausdrücken

„Wir wollen die Freiheit haben zu reisen, wohin wir wollen, aber jedes Verkehrsmittel hat seine Vor- und Nachteile. Die Eisenbahn wurde in den Jahren nach dem Zweiten Weltkrieg immer mehr zum Verkehrsmittel für „Minderbemittelte". Wer sich kein Auto leisten konnte oder keinen Führerschein besaß, wurde zum typischen Bahnkunden. Dagegen wurde der stolze Besitzer seines eigenen Autos zum vollberechtigten Mitglied der mobilen Gesellschaft ohne Klassenschranken. Motto: Im Stau sind wir alle gleich. Wie lange können wir uns diese „Freiheit" leisten?"

THEMA 1

Bitte einsteigen!

Eine moderne Industriegesellschaft benötigt ein hoch entwickeltes Verkehrssystem. Es sichert den Menschen die uneingeschränkte Bewegung, erleichtert ihnen die Wahl des Wohnorts und des Arbeitsplatzes und trägt zum Abbau ungleicher Lebensbedingungen bei. Industrie, Gewerbe und Handel können nur mit einem gut ausgebauten Verkehrsnetz ihre Leistungskraft und die erforderliche Flexibilität entfalten.

▷ Der Verkehr

Woraus besteht das Verkehrsnetz in Deutschland?

Die **Eisenbahn** bleibt als ein besonders umweltfreundliches Verkehrsmittel für die Beförderung vor allem von Massengütern, für den kombinierten Verkehr sowie den Personenverkehr unverzichtbar. Die Hochgeschwindigkeitsstrecken ermöglichen den ICE-Zügen Geschwindigkeiten bis zu 250km/h. Der Transrapid, die neue umweltfreundliche Magnetschwebebahn, fährt sechsmal die Stunde mit einer Geschwindigkeit von bis zu 500km/h zwischen Berlin und Hamburg. Ziel der Deutschen Bahn ist eine Alternative zum Flugzeug oder Auto zu bieten.

Eine wichtige Funktion hat die Bahn im öffentlichen **Nahverkehr**. Es geht um die Entlastung der Zentren der großen Städte vom Individualverkehr. Attraktive Angebote sollen möglichst viele Autofahrer zum „Umsteigen" auf öffentliche Verkehrsmittel bewegen. Die **S-Bahnen** werden ergänzt durch U-Bahnen, Straßenbahnen und Busse. Bewährt hat sich der „Verkehrsverbund", der in fast allen Ballungsräumen die öffentlichen Verkehrsträger miteinander verzahnt und die Nutzung aller Verbundverkehrsmittel mit ein und derselben Fahrkarte erlaubt.

Mehr Autos als je zuvor fahren regelmäßig auf Deutschlands **Straßen**. Das Straßennetz für den überörtlichen Verkehr hat eine Länge von etwa 230 000km, davon sind mehr als 11 000km Autobahnen. Damit hat Deutschland nach den USA das längste Autobahnnetz der Welt. Man darf in der Regel höchstens 100km/h auf Bundesstraßen fahren, während innerorts nur 50km/h, in

Wohngebieten oft nur 30km/h erlaubt sind. Nur ein Teil der Autobahnen kennt keine Geschwindigkeitsbegrenzungen.

Auf einigen Gebieten ergänzen sich **Straße und Schiene**. So etwa im „Huckepackverkehr" bei dem Lastkraftwagen von der Bahn auf Spezialwaggons befördert werden. Auch beim Containerverkehr, in dem die Bahn ein wichtiges Bindeglied in der Transportkette darstellt, wirken Schiene und Straße zusammen. Dies gilt auch für die Autoreisezüge.

Die **Seeschifffahrt** ist bedeutend: Als großes Export- und Importland bedarf Deutschland einer eigenen Handelsflotte. Auf dem Gebiet der Containerschiffe und im Roll-on-Roll-off-Verkehr gehört Deutschland zu den führenden Ländern. Die größten deutschen Seehäfen sind Hamburg, Bremen / Bremerhaven, Wilhelmshaven, Lübeck und Rostock.

Die **Binnenschifffahrt** verfügt heutzutage in Deutschland über ein leistungsfähiges Netz von Wasserstraßen. Duisburg besitzt den größten Binnenhafen der Welt. Die wichtigste internationale Wasserstraße ist der Rhein; der Main-Donau-Kanal schafft die Wasserstraßenverbindung zwischen dem Stromgebiet des Rheins und der Donau.

Die **Luftfahrt** ist für Fluggäste sowie Luftfracht sehr wichtig. Der größte Flughafen – und auch einer der wichtigsten in Europa – ist Frankfurt-am-Main. Die Deutsche Lufthansa gehört zu den bedeutenden internationalen Fluggesellschaften.

Tatsachen über Deutschland,
© Societätsverlag

die **Beförderung** (*no pl.*) transportation, carriage	der **Ballungsraum** (-räume) conurbation
die **Entlastung** (*no pl.*) relief	der **Huckepackverkehr** (*no pl.*) piggy-back transport
sich **bewähren** to prove to be worthwhile	**verfügen über** (+ *acc.*) to have at one's disposal

❶ 📖 Lesen Sie den Text über den Verkehr. Wie kann man in Deutschland Passagiere und Fracht befördern? Kopieren Sie die Tabelle und füllen Sie sie aus.

	Passagiere	**Fracht**
mit der Bahn	✓	✓
mit der S-Bahn / U-Bahn		
mit der...	✓	✗
mit dem...	✓	✗
mit dem Auto		
mit dem Lastwagen		
mit dem Schiff		
mit dem F...		

❷ Finden Sie die passenden Wörter mit Hilfe eines Wörterbuches.

Beispiel: Substantiv = die Beförderung → Verb = befördern – *to transport*

a Verb = ermöglichen → Adjektiv / Adverb = ... – *possible / possibly*
b Substantiv = die Stunde → Adjektiv / Adverb = ... – *hourly*
c Adjektiv = öffentlich → Verb = ... – *to make public, to publish*
d Substantiv = die Entlastung → Verb = ... – *to relieve*
e Verb = bewegen → Substantiv = ... – *movement*
f Substantiv = die Nutzung → Verb = ... – *to use*
g Verb = erlauben → Substantiv = ... – *permission*
h Adjektiv = wichtig → Substantiv = ... – *importance*
i Adjektiv = bedeutend → Substantiv = ... – *importance, meaning*

❸ Sie fahren sehr oft in den Urlaub und besichtigen viele Sehenswürdigkeiten. Aber wie kommen Sie dahin?

Beispiel: Paris – Eiffel-Turm – U-Bahn – immer
        = In Paris fahre ich immer mit der U-Bahn zum Eiffel-Turm.

a Berlin – Bus – Mauermuseum
b Schottland – Shetlandinseln – jeden Sommer – Hubschrauber
c Karibik – Boot – zwei Wochen lang – kleine Inseln
d Athen – zu Fuß – die Akropolis
e Wien – Kutsche – Stadtzentrum – langsam

❹ **Partnerarbeit.** Wie fahren Sie wohin? Besprechen Sie mit einem Partner, wie Sie verschiedene Fahrten machen (oder gemacht haben). Sehen Sie sich die Grammatik auf Seite 109 an.

Beispiel: Ich fahre normalerweise mit dem Rad in die Schule. Wir sind letztes Jahr im
        Sommer mit der Bahn nach Wales gefahren.

➤ „Reisekette" von Tür zu Tür

VON TÜR ZU TÜR...

Wer mit dem Zug fährt, reist meistens nicht nur von Bahnhof zu Bahnhof. Die Fahrt in den schnellen und komfortablen ICE, InterCitys und InterRegios der Deutschen Bahn (DB) macht zwar den größten Teil der Reise aus – aber nicht den einzigen. „Wir denken jetzt verstärkt darüber nach, wie unsere Kunden von Haustür zu Haustür gelangen", sagt der für den Fernverkehr verantwortliche DB-Vorstand Heinz Neuhaus. Für die „Reisekette" schmiedet die Bahn

verstärkt neue Glieder, mit denen Bahnreisende von zu Hause zum Zug, vom Zug ins Hotel fahren können oder mit Bussen und Bahnen in den Ferien oder fremden Städten mobil sind.

Das **BahnTaxi** hat die DB jetzt auf zwölf Großstädte ausgedehnt. Zu günstigen Festpreisen, die je nach Größe der Stadt zwischen acht und 17 Mark liegen, ermöglicht dieser Sammeltaxi-Service den bequemen Transfer von Haus oder Hotel zum Bahnhof – und umgekehrt. Das BahnTaxi kann auch noch aus dem fahrenden Zug vorbestellt werden.

In mehreren Hauptbahnhöfen helfen Gepäckträger DB-Kunden beim Umsteigen oder befördern Koffer vom Bahnsteig zum Taxistand oder zur U-Bahn-Station. Auch dieser Service kann vor und während der Reise bestellt werden.

Das **FerienTicket** macht Bahnreisende in 54 deutschen Urlaubsgebieten sieben Tage lang für nur 40 Mark mobil. Voraussetzung ist die Anreise mit der Bahn. Die Wochenkarte für den Urlaub gibt es zumeist auch für Bus- oder Schifflinien. Das FerienTicket ermöglicht außerdem die Inanspruchnahme eines günstigen Tarifs bei zahlreichen touristischen Attraktionen, Fahrrad- und Autovermietungen.

Das **StadtTicket** erleichtert Städtetouristen und Geschäftsreisenden in fremden Städten das Umsteigen von Fernzug oder Flugzeug auf die Züge des Nahverkehrs sowie auf U-, S- oder Straßenbahnen und Busse. Das StadtTicket gilt bis zu zwei Tagen in über 90 Städten und kostet je nach „Reichweite" zwischen acht und 20 Mark.

ZUG

---

verstärkt (*verb*: **verstärken**) increasingly	**ausdehnen (*sep*.)** to extend
gelangen to reach	**befördern** to carry, convey
schmieden to forge	**die Voraussetzung (-en)** condition, requirement
das Glied (-er) (here) link (of chain)	**die Inanspruchnahme (*no pl*.)** utilisation

---

❶ 🖹🖹 Lesen Sie den Artikel und finden Sie die passenden Ausdrücke für diese Definitionen.

Beispiel: Ein Verkehrsmittel, das Passagiere von Bahnhof zu Bahnhof bringt.
   = ein Zug

a Ein Service, den man vor und während der Reise bestellen kann.
b Ein Ort, wo man in einer fremden Stadt übernachten kann.
c Etwas, was man in den Ferien für viele Züge, Busse und Schifflinien benutzt.
d Die Länge der Zeit, für die ein StadtTicket gültig ist.
e Ein Auto, das einen vom Bahnhof zum Haus oder Hotel befördert.

❷ Partnerarbeit: Sie planen eine Bahnreise in Deutschland. Besprechen Sie Ihre Pläne mit einem Partner. Woher und wohin fahren Sie? Wie kommen Sie zum Bahnhof? Wie fahren Sie, wenn Sie am Zielort sind? Vielleicht könnten Sie zuerst im Internet herausfinden, welche Möglichkeiten es gibt. Sehen Sie bei der Deutschen Bahn www.bahn.de oder bei einem Reiseveranstalter wie www.der.de nach.

❸ Die folgenden Ausdrücke haben alle etwas mit dem Wort „Bahn" zu tun. Finden Sie jeweils den passenden englischen Ausdruck.

a Er ist bei der Bahn.

b Wir müssen seinen Eifer in die richtigen Bahnen lenken.

c Sie bewegt sich auf neuen Bahnen.

d Unsere Bahnen werden sich noch einmal kreuzen.

e Er machte ihr die Bahn frei.

f Ich bin auf der rechten Bahn.

g Sie kehren in die gewohnten Bahnen zurück.

1 *He works for the railways.*

2 *Our paths will cross again.*

3 *They're slipping back into their old ways.*

4 *He paved the way for her.*

5 *I'm on the right track.*

6 *She's breaking new ground.*

7 *We'll have to channel his enthusiasm properly.*

GRAMMATIK | Seite 170, § 7.6

Wann? Wie? Wo?

Adverbien sind Wörter oder Phrasen, die ein Verb ergänzen. Wenn mehrere Adverbien zusammen in einem Satz sind, müssen sie eine bestimmte Reihenfolge haben. Stellen Sie sich diese Fragen: Wann? Wie? Wo? Dann haben Sie die richtige Reihenfolge.

… in der Regel | höchstens 100 km/h | auf Bundesstraßen…
… *normally a maximum of 100km/h on main roads…*
… heutzutage | in Deutschland…
… *nowadays in Germany…*

ZUM ÜBEN

Bringen Sie die Satzteile in die richtige Reihenfolge.

Beispiel: Der Bus fährt… (die in jede mit 50 Passagieren Stadt Stunde)
= Der Bus fährt jede Stunde mit 50 Passagieren in die Stadt.

1 Wir fahren… (Bahn der mit morgen München nach)

2 Der Transrapid… (Berlin fährt Hamburg jetzt schnell sehr und zwischen)

3 Man darf… (30km/h fahren in oft nur Wohngebieten)

4 In den Ballungsräumen… (anderen einem fahren jeden kann man mit Tag Verkehrsmittel)

LERNTIPP

Vergleichen und diskutieren

Bei einer mündlichen Präsentation muss man oft Meinungen ausdrücken, Sachverhalte vergleichen und mehrere Ansichten oder Argumente untersuchen.

Man fängt wie bei einem Aufsatz an – das heißt, mit einer Einleitung. Hier erklärt man, was besprochen wird und warum es mehrere Standpunkte gibt.

Danach betrachtet man die Punkte und erklärt die Argumente pro und kontra von jedem Punkt, zum Beispiel, die Vor- und Nachteile von unterschiedlichen Verkehrsmitteln.

Zum Schluss wiegt man die Argumente ab, erklärt sich mit einem der Standpunkte einverstanden und gibt Gründe dafür, zum Beispiel, welches Verkehrsmittel man vorzieht und warum.

> # Die „Straßenbahn" von Interlaken

Immer, wenn in der Marktgasse

des Schweizer Ortes Interlaken kurz vor 17.15 Uhr die einzige Ampel auf Rot springt, erwartet Fußgänger wie Autofahrer ein ungewöhnliches Schauspiel. Denn von dort, wo man allenfalls mit anderen Autos rechnen würde, taucht plötzlich ein schneeweißer Lindwurm mit roter Bauchbinde auf und kreuzt die Straße: Der ICE 73 „Thuner See" schlängelt sich auf seinem Weg zur Endstation Interlaken-Ost mitten durch die Stadt, vom übrigen Verkehr nur durch leichte Schranken getrennt. Der „Thuner See" kommt aus dem 1000 Kilometer entfernten Berlin, wo er morgens um 6.58 Uhr gestartet war.

Nun wird er hier die Nacht verbringen um anderntags um 8.45 Uhr zur Rückreise zu starten (Ankunft in Berlin um 19.03 Uhr). Dann blinkt sie wieder, die rot leuchtende Warnanlage in der Marktgasse, und die „Straßenbahn" von Interlaken zieht erneut in ihrer stolzen Länge von 410 Metern durch die Stadt – majestätisch gelassen, wie es sich für einen echten Schienenstar gehört.

ZUG

---

allenfalls at best	**sich schlängeln** to snake
der Lindwurm (-würmer) lindworm (type of wingless dragon)	**die Schranke (-n)** barrier
	anderntags on the next day
die Bauchbinde (-n) band	**gelassen** relaxed

GRAMMATIK

Seite 168, § 7.3

Satzordnung im Nebensatz

Im Nebensatz stellt man das Verb ans Ende. Es steht nach einem Infinitiv oder einem Partizip Perfekt, die sich normalerweise am Ende befinden.

> ..., **wie** unsere Kunden von Haustür zu Haustür **gelangen**.
> *... how our customers get from door to door.*
> ..., **mit denen** Bahnreisende von zu Hause zum Zug, vom Zug ins Hotel fahren **können**...
> *... with which rail travellers can get from their homes to the train, from the train to the hotel...*

ZUM ÜBEN

Wie ist die richtige Reihenfolge im Nebensatz?

Beispiel: (Taxi Wenn bestellt ein man), kommt man gut vom Hotel zum Bahnhof.
= Wenn man ein Taxi bestellt, kommt man gut vom Hotel zum Bahnhof.

1 In den Ferien fahren wir meistens dahin, (sind die wo am günstigsten Preise).
2 Ich weiß nicht, (Abend Hause heute ich kommen nach soll wie).
3 Man fährt zu Preisen, (der die je Länge liegen Mark nach Reise zwischen 100 und 200).
4 Das Verkehrsmittel, (dem die fahren Leute meisten mit), ist das Auto.

❶ 🖹 Lesen Sie den Artikel auf Seite 110 und schreiben Sie alle Nebensätze mit unterordnenden Konjunktionen heraus.

> **Beispiel:** …, <u>wenn</u> in der Marktgasse des Schweizer Ortes Interlaken kurz vor 17.15 Uhr <u>die einzige Ampel</u> auf Rot <u>springt</u>,…

❷ Zum Schreiben. Im Artikel wird die Ankunft und Abfahrt des ICE-Zugs manchmal sehr elegant beschrieben – ein schneeweißer Lindwurm – schlängelt sich – in ihrer stolzen Länge – majestätisch gelassen – ein echter Schienenstar. Beschreiben Sie in 100 Wörtern auf ähnliche Weise Ihren Schulweg. Versuchen Sie Ihre Beschreibung sehr „elegant" zu gestalten und ihr eine vielleicht ungewöhnliche Atmosphäre zu verleihen. (Wann fahren Sie? Wie sieht der Schulbus / Ihr Rad / das Auto / die Bahn aus? Was sehen Sie unterwegs? Wie reagieren andere auf Ihr Vorbeifahren? usw.)

▶ Die Straßenbahn kommt wieder

Sie hören jetzt einen Bericht über den neuen Trend im Stadtverkehr: Die Straßenbahn erlebt in vielen Städten eine Renaissance.

Siemens Transportation System

Die Ultra-Low-Floor-Straßenbahn „Ulf" ist in Wien unterwegs. Fahrgäste freuen sich, dass sie zum Einsteigen mit dem Kinderwagen keine Hilfe mehr brauchen.

❶ 👀 Hören Sie sich den ersten Teil des Berichts an. Finden Sie die jeweils passende Endung.

1 Die neuen Frankfurter Straßenbahnen…
   a fahren nur bei grünem Licht
   b kosten jeweils fast vier Millionen Mark
   c fahren auf der linken Straßenseite
2 Zwischen 1950 und 1983 hat man…
   a in Deutschland 2800km Schienen für die Straßenbahn stillgelegt
   b in Frankfurt 2800km Trambahnschienen gebaut
   c in 210 Städten ein Straßenbahnnetz gebaut
3 Die neue Straßenbahn in Oberhausen…
   a ist 4km lang
   b bringt Besucher in das neue Einkaufszentrum
   c verursacht ein tägliches Verkehrschaos
4 In Saarbrücken…
   a fahren 30 neue Straßenbahnen
   b macht die Straßenbahn nach 30 Jahren Pause
   c waren 30 Jahre lang keine Straßenbahnen

5 In Berlin gibt es jetzt eine Bahn…
   a im Osten und im Westen
   b nur im Osten
   c nur im Westen
6 In Ulm werden die Politiker…
   a nur mit der Bahn fahren
   b eine neue Straße für die Tram bauen
   c vielleicht eine Tram auf der „Neuen Straße" erlauben

❷ 👀 Hören Sie jetzt den zweiten Teil des Berichts an. Bearbeiten Sie Arbeitsblatt 9.1A. Es gibt hier viele Details, also müssen Sie vielleicht zwei- oder dreimal zuhören.　　▷ **A9.1A** ▷

❸ 👀 Hören Sie sich jetzt den letzten Teil des Berichts an. Hier vergleicht man Straßenbahnen und Busse. Welche Vorteile hat die Straßenbahn? Machen Sie eine Liste auf Englisch.

❹ Partnerarbeit. Diskutieren Sie mit einem Partner die Vor- und Nachteile von zwei verschiedenen Verkehrsmitteln. Sehen Sie sich Arbeitsblatt 9.1B an. Der Lerntipp auf Seite 109 gibt auch Hinweise, die Ihnen bei der Diskussion helfen können.　　▷ **A9.1B** ▷

Kulturmagazin **9**

Johann Wolfgang von Goethe (1749 –1832) ist der bedeutendste Schriftsteller der deutschen Literatur. Während seines langen Lebens schrieb er Gedichte, Romane, Theaterstücke, philosophische und naturwissenschaftliche Werke. Er ist vor allem für seine vielen Gedichte bekannt.

Diese beiden Gedichte stammen wahrscheinlich aus dem Jahr 1795. Das Segelschiff ist heutzutage ein altmodisches Verkehrsmittel. Hier sind aber zwei Gedichte von Goethe, die vom Zeitalter des Segelschiffs sprechen. Zuerst, befindet sich das Schiff in einer Flaute:

„Meeres Stille"

Tiefe Stille herrscht im Wasser,
Ohne Regung ruht das Meer,
Und bekümmert sieht der Schiffer
Glatte Fläche ringsumher.
Keine Luft von keiner Seite!
Todesstille fürchterlich!
In der ungeheuren Weite
Reget keine Welle sich.

Endlich bläst dann wieder der Wind:

„Glückliche Fahrt"

Die Nebel zerreißen,
Der Himmel ist helle,
Und Äolus löset
Das ängstliche Band.
Es säuseln die Winde,
Es rührt sich der Schiffer.
Geschwinde! Geschwinde!
Es teilt sich die Welle,
Es naht sich die Ferne;
Schon seh' ich das Land!

von Johann Wolfgang von Goethe, *Meeres Stille und Glückliche Fahrt*

- Lesen Sie jedes Gedicht zuerst laut vor.
- Wie schafft Goethe die richtige Stimmung für jedes Gedicht?
- Welche Rolle spielt der Rhythmus? Der Reim? Der Gebrauch von längeren oder kürzeren Wörtern?

THEMA 2

Sicher ist sicher

Das Auto bringt dem einzelnen Menschen Mobilität und Lebensqualität. Es gibt aber auch Schattenseiten.

▷ Unfallstatistik

Diese Tabelle zeigt „verunglückte (verletzte und getötete) Jugendliche nach Alter und Beteiligung im Straßenverkehr" für ein Jahr (1996) in Österreich.

Altersgruppe	0–5	6–14	15	16	17	18	19	20	21	22	23	24	Summe	%-Ant.
Verunglückte														
Fußgänger	312	961	59	77	66	72	56	55	56	53	39	45	1851	9,6
Radfahrer (Lenker)	55	970	178	120	88	59	74	82	73	77	89	76	1941	10,0
Radfahrer (Mitfahrer)	20	15	4	2	-	-	-	1	-	-	-	-	42	0,2
Moped (Lenker)	2	14	21	983	640	135	47	40	38	33	36	29	2018	10,4
Moped (Mitfahrer)	4	38	49	89	66	26	9	9	3	5	3	3	304	1,6
Kleinmot. (Lenker)	-	-	3	53	51	20	16	10	2	5	4	1	165	0,9
Kleinmot. (Mitfahrer)	-	-	9	7	9	4	3	-	3	-	-	-	35	0,2
Motorrad (Lenker)	2	-	-	25	37	62	58	108	122	131	112	135	792	4,1
Motorrad (Mitfahrer)	2	17	2	7	11	15	16	19	17	14	17	14	151	0,8
PKW (Lenker)	4	4	6	12	18	956	1128	991	908	851	755	729	6392	32,9
PKW (Mitfahrer)	584	1075	205	348	440	463	448	330	322	288	266	255	5024	26,0
Sonstige	47	152	19	20	15	36	59	54	59	56	69	51	637	3,3
Insgesamt	1032	3246	555	1743	1441	1848	1914	1699	1603	1513	1390	1338	19322	100

Quelle: Österreichisches statistisches Zentralamt; Aufbereitung:
Kuratorium für Verkehrssicherheit, Unfallstatistik 1996, Seite 30

❶ Sehen Sie sich die Unfallstatistik an. Sind die folgenden Aussagen richtig oder falsch? Korrigieren Sie die falschen Aussagen.

Beispiel: Radfahrer haben die meisten Verletzungen gehabt.
　　　　　= *Falsch*. Ihr Anteil ist nur 10%. Autofahrer haben einen Anteil von 32,9%.

a Fußgänger über 14 Jahren sind am meisten gefährdet.

b 16- und 17-jährige Mopedfahrer haben wesentlich mehr Unfälle als ältere Mopedfahrer.

c Zehn Kinder unter fünf Jahren sind verletzt worden, während sie auf einem Moped oder Motorrad waren.

d Die Anzahl von Autofahrern, die 1996 in Österreich verletzt oder getötet wurden, war für 21-Jährige am höchsten.

e Junge Mitfahrer im Auto wurden öfter verletzt als ältere Mitfahrer.

f Die Straße ist besonders gefährlich für Radfahrer zwischen 17 und 18.

❷ Zum Schreiben. Was kann man sonst aus diesen Zahlen ersehen? Wählen Sie einige Punkte und schreiben Sie einen kurzen Bericht (etwa 150 Wörter) über die Statistik. Sie könnten sich auf eine bestimmte Altersgruppe konzentrieren (z.B. 16–19), auf ein bestimmtes Verkehrsmittel (z.B. Fahrrad) oder auf interessante Fakten (z.B. wie viele Kleinkinder ein Kraftfahrzeug fahren).

▷ Strafen

Schnellfahren verursacht Unfälle, das ist schon erwiesen. In dieser Tabelle sehen Sie einige Strafen, die man in Deutschland an Autofahrer verteilt, die gegen die Verkehrsregeln verstoßen.

Geschwindigkeit

	DM	Punkte
Mit zu hoher, nicht angepasster Geschwindigkeit gefahren, trotz angekündigter Gefahrenstelle, bei Unübersichtlichkeit, an Straßenkreuzungen, Straßeneinmündungen, Bahnübergängen oder bei schlechten Sicht- oder Wetterverhältnissen (z.B. Nebel oder Glatteis)	100	• • •

Die zulässige Höchstgeschwindigkeit mit einem Personenkraftwagen oder mit einem anderen Kraftfahrzeug mit einem zul. Gesamtgewicht bis 3,5t überschritten:

– bei normalen Witterungsbedingungen

Überschreitung	Geldbuße DM		Punkte		Fahrverbot in Monaten bei Übertretung	
km/h	innerorts	außerorts	innerorts	außerorts	innerorts	außerorts
bis 10	30	20				
11–15	50	40				
16–20	75	60				
21–25	100	80	•	•		
26–30	120	100	• • •	• • •		
31–40	200	150	• • •	• • •	1	
41–50	250	200	• • • •	• • • •	1	1
51–60	350	300	• • • •	• • • • •	1	1
über 60	450	400	• • • •	• • • •	2	1

– bei Sichtweite unter 50m durch Nebel, Schneefall oder Regen (zul. Höchstgeschwindigkeit: 50km/h, wenn nicht eine geringere Geschwindigkeit geboten ist)

Geldbuße Punkte	DM 100 • • •	sofern sich nicht aus der oben stehenden Tabelle höhere Sanktionen ergeben

Bundesministerium für Verkehr, Bauund Wohnungwesen

---

angepasst (*sep. verb*: **anpassen**) appropriate
angekündigt (*sep. verb*: **ankündigen**) marked
die Straßeneinmündung (-en) road junction

zulässig (zul.) permitted
überschreiten (*insep.*) to exceed

---

❶ ⊞ Finden Sie im Text das Deutsche für die folgenden Ausdrücke.

a *at an excessive, inappropriate speed*
b *in normal weather conditions*
c *in bad weather conditions*
d *in visibility of less than 50m*

e *a fine*
f *a driving ban*
g *the maximum permitted speed*
h *a lower speed*

▷ Radarwarnung per Radio

Sie hören jetzt eine Diskussion im österreichischen
Radio: „Radarwarnung per Radio". Der Radiosender
„Antenne" warnt Autofahrer davor, wann und wo
mit Radarfallen zu rechnen ist. Autofahrer über
Radarfallen zu informieren ist kein Marketing-Gag,
sondern ein ernsthafter Beitrag zur Erhöhung der
Verkehrssicherheit. Davon ist Oliver Pokorny, der
Antenne-Informationschef, überzeugt. Warnungen
vor Geschwindigkeitskontrollen vereiteln
Sicherheitsmaßnahmen und führen zur Polarisierung,
so Psychologe Franz Georg Anderle vom Kuratorium
für Verkehrssicherheit.

die Falle (-n) trap	**vereiteln** to prevent
der Gag (-s) trick	**die Exekutive (österreichisch)** police
der Beitrag (-träge) contribution	**der Fall (⸚e)** case

❶ ▣▣ Hören Sie sich die beiden Gegner an und füllen Sie die Lücken aus.　　　　　A9.2 ▷

❷ **Zum Schreiben.** Was meinen Sie? Ist es sinnvoll Autofahrer vor Radarfallen zu
warnen? Wie kann man vermeiden, dass Fahrzeuge zu schnell fahren? Was kann man
sonst tun um die Straßen sicherer zu machen? Diskutieren Sie mit einem Partner, und
schreiben Sie dann einen Artikel zum Thema „Überhöhte Geschwindigkeit – die
Gefahren und die Lösungen" (etwa 200 Wörter).

GRAMMATIK　　　　　Seiten 164–165, § 5.9　　　　G9.1 ▷

Konditional / Konjunktiv

Um einen Konditionalsatz zu konstruieren benutzt man „würde(n)" mit dem Infinitiv. Man kann auch
den Imperfekt-Konjunktiv des Verbs benutzen. Für „haben", „sein" und Modalverben ist das häufig der
Fall, z.B.: sie würden haben = sie hätten; er würde sein = er wäre; wir würden müssen = wir müssten.

… man **würde** das einfach **akzeptieren**…
… you would just accept it…
Man **müsste** dann den Motor erneut **installieren**.
You would then have to install the engine all over again.
… ein Systemabsturz im Auto **hätte** weitaus ernstere Folgen…
… a systems failure in a car would have far more serious consequences…

ZUM ÜBEN

Füllen Sie die Lücken mit einem passenden Wort aus dem Kasten.

1 Man … den Motor neu starten, wenn er ausgehen …
2 Wenn ich zu schnell fahren …, … ich Schwierigkeiten mit der Polizei.
3 Du … nie in den Wagen passen, wenn du größer …
4 Wenn wir vernünftig …, … wir alle mit dem Rad fahren!

hätte	würde
müsste	würde
wären	würden
wärst	würdest

115

▷ Computer und Auto

Sicherheit liegt nicht nur an Autofahrern: Die Autos selbst müssen sicher sein.

Auf einer Computermesse hat Bill Gates das folgende Statement abgegeben: „Wenn General Motors (GM) mit der Technologie so mitgehalten hätte wie die Computerindustrie, dann würden wir heute alle 25-Dollar-Autos haben, die pro Gallone Sprit 1000 Meilen fahren würden."

Als Antwort darauf veröffentlichte der GM-Chef eine Presseerklärung mit folgendem Inhalt: Wenn GM eine Technologie wie Microsoft entwickelt hätte, dann würden wir heute alle Autos mit folgenden Eigenschaften fahren:

1   Ihr Auto hätte ohne erkennbaren Grund zweimal am Tag einen Unfall.

2   Jedes Mal, wenn die Linien auf der Straße neu gezeichnet werden, müsste man ein neues Auto kaufen.

3   Gelegentlich würde ein Auto ohne erkennbaren Grund auf der Autobahn einfach ausgehen und man würde das einfach akzeptieren, neu starten und weiterfahren.

4   Wenn man bestimmte Manöver durchführt, wie z.B. eine Linkskurve, würde das Auto einfach ausgehen und sich weigern neu zu starten. Man müsste dann den Motor erneut installieren.

5   Man kann nur alleine in dem Auto sitzen, es sei denn, man kauft „Car95" oder „CarNT", aber dann müsste man jeden Sitz einzeln bezahlen.

6   Macintosh würde Autos herstellen, die mit Sonnenenergie fahren, zuverlässig laufen, fünfmal so schnell und zweimal so leicht zu fahren sind, aber sie laufen nur auf 5% der Straßen.

7   Die Öl-Kontroll-Leuchte, die Warnlampen für Temperatur und Batterie wären nicht mehr nötig – sie würden durch eine „Generelle Auto-Fehler"-Warnlampe ersetzt.

8   Neue Sitze würden erfordern, dass alle dieselbe Gesäßgröße haben.

9   Das Airbag-System würde fragen: „Sind Sie sicher?", bevor es auslöst.

10 Gelegentlich würde das Auto Sie ohne jeden erkennbaren Grund aussperren. Sie können es nur wieder mit einem Trick aufschließen und zwar müsste man gleichzeitig den Türgriff ziehen, den Schlüssel drehen und mit einer Hand an die Radioantenne fassen.

11 Immer dann, wenn ein neues Auto von GM vorgestellt werden würde, müssten alle Autofahrer das Autofahren neu erlernen, weil keiner der Bedienhebel genauso funktionieren würde, wie in den alten Autos.

12 Man müsste den „Start"-Knopf drücken um den Motor auszuschalten.

Aus eigener Erfahrung bitten wir die Autoindustrie, macht auch weiterhin so viele Sicherheitsprüfungen wie bisher, denn ein Systemabsturz im Auto hätte weitaus ernstere Folgen als der tägliche Absturz von Windows.

der Sprit (*no pl.*) fuel	**ersetzen** to replace
entwickeln to develop	**auslösen** (*sep.*) to release
erkennbar (*verb*: erkennen) recognisable, visible	**der Türgriff (-e)** door handle
sich weigern to refuse	**der Bedienhebel (-)** control pedal / lever
zuverlässig reliable	**der Absturz (Abstürze)** (here) crash (of computer)

❶ ☰☰ Lesen Sie den Text „Computer und Auto" und finden Sie Gegenteile im Text.

Beispiel: stoppen – starten

a mit gutem Grund
b sehr oft
c mit Schwierigkeiten wahrnehmen
d mit anderen
e unzuverlässig

f einsperren
g abschließen
h drücken
i Passagiere
j anders

❷ Zum Schreiben. Haben Sie ähnliche Erfahrungen mit Computern gehabt? Welche anderen Maschinen könnte man mit dem Auto vergleichen? Oder mit dem Computer? Zeigen Sie ein bisschen Fantasie und schreiben Sie ein paar Sätze!

Beispiel:

Wenn Autos wie Waschmaschinen wären, wären die Mitfahrer beim Aussteigen alle durcheinander.
Oder:
Wenn man Waschmaschinen wie Computer gemacht hätte, könnte man die Wäsche einfach per E-Mail zum Trockner schicken, aber man würde vielleicht durch unerwünschte E-Mails zu viel Wäsche bekommen!

THEMA 3 / Alternativen?

Umwelt und Gesundheit können sich diese Abhängigkeit vom Auto nicht mehr leisten. Wir müssen anders leben, wenn wir überleben wollen.

▷ Leben ohne Auto

Wie kommt man ohne Auto durch?

❶ ▰▰ Sie hören jetzt Claudia, die ihr Leben (fast) ohne Auto führt. Sehen Sie sich Arbeitsblatt 9.3 an.

A9.3

▷ CarSharing und Fahrgemeinschaften

Wie funktioniert CarSharing?

Wie funktioniert CarSharing?

Wenn Sie Teilnehmer / in bei einem CarSharing-Service werden, erhalten Sie gegen Kaution Ihren persönlichen Schlüssel zu allen Stationstresoren und ein Handbuch mit der Übersicht über alle verfügbaren Fahrzeuge und Stationen. Das Benutzen der Autos ist für Sie jetzt so einfach wie das Buchen eines Tennis-Courts. Sie haben unabhängig von Geschäftszeiten jederzeit Zugang zu allen Fahrzeugen Ihres CarSharing-Services.

Die neue Beweglichkeit: Mobilverbund

CarSharing-Teilnehmer / innen nehmen bei allen Gelegenheiten das Fahrzeug ihrer Wahl. Ob Bus, Bahn, Taxi, Einkaufsflitzer oder Limousine – nie sind sie auf ein Verkehrsmittel oder nur einen Wagentyp festgelegt. Denn Flexibilität beginnt im Kopf! Wofür Sie sich auch gerade entschieden haben, CarSharing bietet Ihnen ein komfortables Fortkommen, oft zu vergünstigten Konditionen.

Fahrgemeinschaften

Eine Aktion des ÖAMTC mit dem ORF und der Stadt Wien kostenlos!

Eine Alternative für Pendler

- Sparen Sie Treibstoffkosten
- Ersparen Sie sich die Parkplatzsuche
- Verringern Sie den Stau
- Schonen Sie Ihre Nerven
- Sparen Sie Energie – helfen Sie der Umwelt

Smartpool ist die erste Fahrgemeinschafts-Software, die rein auf geografischen Daten basiert. Nicht die Distanz zwischen zwei Orten, sondern die benötigte Zeit für die Fahrt ist das Kriterium des Computersystems, das bereits in Brüssel, Madrid und Paris erfolgreich im Einsatz ist.

Wie kann ich bei einer Fahrgemeinschaft mitmachen?

- Anruf bei der Fahrgemeinschaftsbörse oder Anfrage über Internet
- Bekanntgabe der Basiskriterien: Wohn- und Arbeitsort, Arbeitszeiten, Autobesitzer
- Bekanntgabe anderer Kriterien: z.B. Nichtraucher

Sie werden dann sofort ins **Smartpool**-Programm aufgenommen. Nach Auswertung der Abstimmungsergebnisse erhalten Sie eine Liste Ihrer möglichen Fahrgemeinschaftspartner. Die Namen auf der Liste erscheinen je nach Übereinstimmungsgrad in abnehmender Reihenfolge.

© ÖAMTC

❶ ▤▤ Lesen Sie die zwei Werbungen und finden Sie die synonymen Ausdrücke.

a jemand, der / die mitmacht
b wenn Sie Geld als Sicherheit geben
c Autos
d ein kleines Auto, das man in der Stadt fährt

e billiger
f das Geld, das man für Benzin ausgibt
g schon
h bekommen

❷ **Gruppenarbeit.** Die Werbung für CarSharing und Fahrgemeinschaften nennt natürlich nur die Vorteile. Gibt es eigentlich auch Nachteile? Diskutieren Sie mit anderen Schülern und machen Sie eine Liste von allen Vor- und Nachteilen. Zur Hilfe können Sie sich einige Fragen stellen, zum Beispiel: Wie sicher sind andere Autofahrer? Was ist, wenn die Mitfahrer sich nicht gut miteinander verstehen oder sich sogar gefährdet fühlen? Was passiert, wenn der Fahrer verschläft?

❸ **Zum Schreiben.** Als Schüler haben Sie nicht genug Geld um ein eigenes Auto zu unterhalten. Sie möchten gleich gesinnte Schüler finden, die daran interessiert sind sich mit Ihnen ein Auto zu teilen. Schreiben Sie ein Flugblatt, das Sie in der Schule aushängen können. Sie müssen natürlich die Leser davon überzeugen, dass Ihr Vorhaben eine sinnvolle Sache und eine gute Idee ist! Schreiben Sie etwa 150 Wörter.

GRAMMATIK	Seiten 151, 167, § 1.9, 6.4	G9.2 ⟩

Genitiv (inkl. Präpositionen mit Genitiv)

Der Genitiv zeigt Besitz an (auf Englisch *of*). Substantive im Maskulinum- oder im Neutrum-Singular haben normalerweise „-(e)s" am Ende, aber es gibt einige Ausnahmen.

> ... die optimale Vernetzung **unterschiedlicher Verkehrssysteme**...
> *... the best integration **of** different transport systems...*
> Die wichtigsten Vorzüge **dieses Systems**...
> *The most important advantages **of** this system...*

Nach einigen Präpositionen folgt der Genitiv:

> ... **wegen** seiner entschiedenen Pro-Auto-Haltung...
> *... because of his resolutely pro-car stance...*
> ... **innerhalb** der Parktürme.
> *... inside the parking towers*

ZUM ÜBEN

Füllen Sie die Lücken mit der passenden Form des Genitivs aus.

1 Am Ende d... Straße hat man einen guten Anblick d... Fluss...
2 Die Nachteile dies... System... sind gering.
3 Ich stimme mit dem Großteil sein... Ideen überein.
4 Der Verlust mein... Auto... wäre unerträglich.
5 Wir fordern die Vernichtung all... Parkplätze!

Bilden Sie Sätze, die Präpositionen gefolgt vom Genitiv enthalten.

6 wegen – die vielen Autos – nicht weiterkommen
7 innerhalb – die nächsten zehn Jahre – ein neues Verkehrssystem entwickeln
8 unterhalb – das Gebäude – ein Parkhaus
9 während – die Ferien – Staus auf der Autobahn
10 trotz – der hohe Preis – die U-Bahn ist sehr gut

▷ „U-Bahn-Bau ist Verschwendung"

Seit Jahrzehnten macht sich der Düsseldorfer Städteplaner Theo Romahn Gedanken über die optimale Vernetzung unterschiedlicher Verkehrssysteme – mit dem Ziel die Unfallzahlen zu senken, die Umweltschäden und den Flächenverbrauch zu reduzieren und nicht zuletzt auch die Kosten und den Zeitaufwand für öffentliche Verwaltung und Verkehrsteilnehmer günstiger zu gestalten.

Aber für viele gilt er wegen seiner entschiedenen Pro-Auto-Haltung als uneinsichtiger Betonkopf. Ein Hauptelement von Romahns Verkehrskonzept sind die so genannten Infrastrukturträger: Auf einer Art Hochstraße, die auf Säulen mit jeweils 50 Metern Abstand ruht, fahren oben die Autos. In den Fahrbahnunterbau integriert werden Versorgungsleitungen für Wasser, Gas, Elektrizität und Kommunikation.

Links und rechts neben den Systemträgern hängen unterhalb der Fahrbahn in jeweils drei versetzten Schienenspuren vollautomatische Leitschienentaxis. Sie nehmen bis zu sechs Fahrgäste auf und verkehren im Zehn-Sekunden-Takt. Ihre Geschwindigkeit beträgt 70 bis 110km/h.

Die neuen Verkehrsebenen werden durch Parktürme mit dem vorhandenen Straßennetz verknüpft. In deren Kern befinden sich Kaufhäuser und Büros, an ihrer Peripherie die Parkflächen sowie die Auf- und Abfahrten. Die Leitschienentaxis stoppen an Indoor-Stationen innerhalb der Parktürme.

Die wichtigsten Vorzüge dieses Systems wären laut Romahn der Wegfall des unfallträchtigen Gegen- und Kreuzungsverkehrs sowie – durch Trennung der Ebenen – eine höchstmögliche Sicherheit für Fußgänger. Würde man nur drei bis sieben Prozent eines städtischen Straßennetzes mit diesem System versehen, ginge, so Romahn, die Zahl der Verkehrsunfälle um 48 bis 62 Prozent zurück. Der Kraftstoffverbrauch und die Schadstoffemissionen ließen sich um 60 bis 70 Prozent reduzieren.

Romahn kritisiert den öffentlichen Personen-Nahverkehr in seiner heutigen Form als unzumutbaren Massentransport und Milliardengrab für Steuergelder: „Nach dem Führen von Kriegen", so Romahn, „ist der U-Bahn-Bau die größte öffentliche Verschwendung."

Welt am Sonntag

---

der Flächenverbrauch (*no pl.*) use of space	**die Versorgungsleitung (-en)** pipes / cables for utilities
der Zeitaufwand (*no pl.*) time needed	**die Leitschiene (-n)** guide rail
die Verwaltung (*no pl.*) administration	**der Takt (-e)** time, phase
gestalten to organise	**vorhanden** available
entschieden (*verb*: entscheiden) resolute	**verknüpfen** to connect, link
der Träger (-) support	**versehen** to provide
die Säule (-n) column, pillar	**unzumutbar** unreasonable

❶ ▤▤ Lesen Sie den Text durch und schlagen Sie unbekannte Wörter nach. Sind die folgenden Aussagen richtig oder falsch? Korrigieren Sie die falschen Aussagen.

a Theo Romahn ist erfahrener Städteplaner.

b Er will verschiedene Transportsysteme so günstig wie möglich zusammenbringen.

c Er ist wegen seiner Arbeit sehr beliebt.

d Er ist für Autos.

e Mit seinem System hätten Fußgänger mehr Verkehrsunfälle.

f Eine U-Bahn kostet zu viel zu bauen, denkt er.

❷ **Zum Schreiben.** Ist Ihre Stadt oder Ihre Gegend menschenfreundlich? Inwiefern? Schreiben Sie einen Bericht über die guten und die schlechten Seiten. Was sind die Folgen für alte Leute, Kinder, Behinderte usw? Was könnte man anders tun? Schreiben Sie etwa 200 Wörter.

Inhalt

Kommunikationsziele

- einen historischen Aufsatz schreiben
- ein Referat halten
- ein Interview schreiben

> Die Geschichte der Deutschen ist sehr bewegt. Jeder hat vom Ersten und Zweiten Weltkrieg und seinen Schrecken gehört. Was aber hat zu diesen beiden Kriegen geführt? Wir müssen weit ausholen, um diese Frage beantworten zu können. In dieser Einheit behandeln wir einige wichtige Abschnitte der neueren deutschen Geschichte. "

THEMA 1

1789 bis 1848

1789 bestand das Gebiet, das wir heute als Deutschland bezeichnen, aus über 300 kleinen Zwergstaaten. In jedem „Staat" konnte man eine eigene Gesetzgebung und Währung finden. 1815 dagegen war die Anzahl der deutschen Staaten auf 39 zusammengeschrumpft.

▷ Napoleon besetzt Deutschland

1 Am 15.8.1769 wurde Napoleon Bonaparte auf der Insel Korsika geboren. Napoleons Ziel war die Vorherrschaft in Europa. Er sah Europa wie ein Schachbrett vor sich. Die europäischen Fürsten waren die Figuren darauf, die er hin- und herschieben konnte.

2 In Deutschland hatte das Schachspiel bereits 1797 begonnen, als Napoleon den deutschen Kaiser zwang, das linke Rheinufer von seinen Truppen zu räumen.

3 1799 hatte Napoleon die Macht im französischen Staat an sich gerissen, umjubelt von seinen Soldaten und den übrigen Franzosen.

4 Der Mächtigste im Staate Frankreichs zu sein genügte ihm nicht. Er wollte den Titel des Kaisers. Also krönte er sich selbst im Jahre 1804.

5 Schon vor seiner Krönung zum Kaiser waren viele kleine Zwergstaaten auf der rechten Seite des Rheins Napoleons Schachspiel zum Opfer gefallen. Noch ehe das Jahr 1806 zu Ende war, hatte sich die Zahl der Zwergstaaten auf deutschem Gebiet um 160 reduziert. Rund vier Millionen deutsche Menschen erhielten neue „Vaterländer".

6 Unter dem Einfluss Napoleons änderte sich die Situation der Menschen in den deutschen Gebieten. Nachdem der französische Kaiser sein eigenes Land neu geordnet und den „Code Civil" eingeführt hatte, machte er sich daran auch in den von seinen Soldaten besetzten Gebieten tief greifende Veränderungen durchzuführen. Der „Code Civil" war Napoleons beste Propaganda. Die neuen Gesetze brachten jedem Bürger auch außerhalb Frankreichs Freiheit und Gleichheit vor dem Gesetz.

7 Die Kehrseite der Medaille war, dass Napoleon von den „befreiten" Männern mehr Steuern bekommen konnte. Außerdem mussten die freien Männer jetzt in seinem Heer Soldaten werden.

8 Im Oktober des Jahres 1806 besiegte Napoleon schließlich auch den größten deutschen Staat, Preußen, das nun auch vom französischen Heer besetzt wurde.

9 Am 17. März 1813 rief König Friedrich Wilhelm III. das preußische Volk zum Kampf gegen Napoleon auf. Durch die Unterdrückung der napoleonischen Herrschaft war der nötige Patriotismus in den Menschen geweckt worden. Die Bauern und Bürger Preußens kämpften, um ihr Vaterland von Napoleons Herrschaft zu befreien. Russland, England, Schweden und Österreich verbündeten sich mit Preußen. Sie hatten Erfolg: Mitte Oktober wurde Napoleon innerhalb von drei Tagen in der Völkerschlacht bei Leipzig besiegt.

das Schachbrett (-er) chessboard	**unter dem Einfluss** under the influence
zwang (*verb*: zwingen) forced	**die Kehrseite der Medaille** the other side of
die Macht an sich reißen to seize power	the coin
nicht genügen to be not enough	**zum Kampf aufrufen (*sep.*)** to call to arms
der Zwergstaat (-en) tiny state	**die Unterdrückung (*no pl.*)** oppression
zum Opfer fallen to fall prey to	**sich verbünden** to form an alliance

❶ 🔲 Lesen Sie den Text mit Hilfe der angegebenen Vokabeln und einem Wörterbuch gut durch. Bringen Sie dann die folgenden Stichwörter in die richtige Reihenfolge.

Beispiel: a1, b...

a Napoleon wird auf Korsika geboren.

b Napoleon besiegt Preußen.

c Napoleon wird der mächtigste Mann in Frankreich.

d Preußen und seine Verbündeten besiegen Napoleon.

e Mehrere Millionen deutsche Menschen erhalten ein neues Vaterland.

f Der „Code Civil" wird eingeführt.

g Napoleon bereichert sich an den deutschen Menschen.

h Napoleons Einfluss in Deutschland beginnt.

i Napoleon krönt sich zum Kaiser von Frankreich.

❷ Sehen Sie sich die folgenden Symbole an. Welche Bedeutung haben sie im Zusammenhang mit dem Text über Napoleon?

GRAMMATIK

Seite 163, § 5.7

Plusquamperfekt

Man benutzt das Plusquamperfekt um etwas auszudrücken, das vor einem gewissen Punkt in der Vergangenheit passiert ist. Die meisten deutschen Verben bilden das Plusquamperfekt mit ihrem Partizip Perfekt und dem Hilfsverb „haben" oder „sein" im Imperfekt.

In Deutschland **hatte** das Schachspiel bereits 1797 **begonnen**...
In Germany the chess game had already begun in 1797...
Schon vor seiner Krönung... **waren** viele... Zwergstaaten... Napoleons Schachspiel zum Opfer **gefallen**.
Before he was crowned..., many tiny states had fallen victim to Napoleon's chess game.

ZUM ÜBEN

Füllen Sie die Lücken in den Sätzen mit dem Plusquamperfekt der in Klammern angegebenen Verben aus.

Beispiel: Nachdem Napoleon die Macht in Frankreich ..., wollte er den Titel des Kaisers. (an sich reißen)

= Nachdem Napoleon die Macht in Frankreich **an sich gerissen hatte**, wollte er den Titel des Kaisers.

1 Nachdem Napoleon der mächtigste Mann in Frankreich ..., wollte er ganz Europa beherrschen. (werden)

2 Nachdem Napoleon Einfluss auf deutschem Gebiet ..., änderte sich dort die Situation der Menschen. (gewinnen)

➤ Stein und Wellington über die Zukunft Deutschlands

1815 wurde Lord Wellington zum Wiener Kongress eingeladen. Der Kongress sollte nach der napoleonischen Herrschaft in Europa eine neue Ordnung herstellen. Einer der wichtigsten Teilnehmer, der preußische Minister Freiherr vom Stein, hatte es durch seine Reformen ermöglicht, dass man 1813 dem Aufruf des Königs von Preußen gehorcht hatte und daher Napoleon bei Leipzig besiegt werden konnte. Lord Wellington begegnete dem Freiherrn vom Stein in Wien.

Meine Unterredung mit Lord Wellington begann mit seiner Äußerung, dass es nötig sei, die deutschen Angelegenheiten zu ordnen. Da Deutschland keine Einheit habe, so müsse diesen Mangel die Einigkeit zwischen Preußen und Österreich und die Beschaffenheit der öffentlichen Meinung ersetzen. Deutschland sei hauptsächlich nur durch Sprache und Sitte gebunden, es sei in sich durch Religion, selbst durch politisches Interesse geteilt. Die föderative Institution, so man beabsichtige, müsse durch beide Mächte und die öffentliche Meinung aufrecht gehalten werden. Diese habe sich deutlich ausgesprochen für die gesetzliche Verfassung.

Ich antwortete ihm: ich halte die deutsche Angelegenheit in ihrer gegenwärtigen Lage für verschoben. Sie sei dahin gebracht durch das System, so die Österreicher anfangs gehabt, Deutschland in viele Teile zerstückeln zu lassen; alsdann seien durch eine Menge teils verderblicher, teils hinderlicher Friedensschlüsse die Resultate des Rheinbundes sanktioniert worden. Gegenwärtig habe man einen Plan der Föderation gemacht, der nicht gehen könne, da fünf dirigierende und divergierende Höfe sich nach verschiednen Verhältnissen in den Einfluß teilten; es wäre vielleicht möglich, diesem Übel durch die Bestellung eines Bundesoberhauptes abzuhelfen, da eigentlich das wahre politische Interesse Preußens und Österreichs nicht in Widerspruch stehe.

Er erwiderte: Die Bildung eines solchen Oberhauptes sei jetzt nicht möglich; es müsse jedoch etwas geschehn zur Erfüllung der Verabredungen, welche sämtliche Mächte wegen der deutschen Angelegenheit genommen, und zur Befriedigung der Gemüter. Alles sei gespannt und besonders in Preußen zeige sich ein militärisch-republikanischer Geist.

Ich bemerkte, dass es allerdings nötig sei, in einem Lande, wo eine Verfassung bestanden, wo die Menschen an einen gesetzlichen Zustand gewöhnt waren, einen ähnlichen wiederherzustellen, der Willkür ein Ende zu machen, Anarchie sei übrigens dem ganzen Wesen und Geist der Deutschen zuwider.

Thilo Lang (Hg.) *Oh Deutschland, wie bist du zerrissen*, Knaur 1988.

❶ Lesen Sie das Protokoll des Gespräches zwischen Lord Wellington und Freiherrn vom Stein gut durch. Suchen Sie die entsprechenden Ausdrücke im Text.

Beispiel: meine Besprechung mit Lord Wellington
= meine Unterredung mit Lord Wellington

a seine Bemerkung   **c** der Brauch   **e** im Moment
b die allgemeine Ansicht   **d** das deutsche Geschehen   **f** die Situation verbessern

❷ Suchen Sie die auf Englisch angegebenen Ausdrücke im Text.

a *(here) kept together*   **d** *influence*   **g** *constitution*
b *to be kept up*   **e** *not contradicting each other*   **h** *where laws exist*
c *cut up*   **f** *head*   **i** *to recreate*

❸ Sind die folgenden Aussagen laut dem Text richtig oder falsch?

a Deutschland ist eine Föderation.
b Deutschland ist nur deshalb ein „Land", weil die Menschen dieselbe Sprache sprechen und dieselben Sitten haben.
c Die politischen Interessen in den verschiedenen deutschen Staaten sind ähnlich.
d Die öffentliche Meinung will eine Föderation.
e Zur Zeit des Wiener Kongresses gibt es keinen Plan für eine deutsche Föderation, weil sich fünf Königshäuser nicht einigen können.
f Es ist zur Zeit des Wiener Kongresses unmöglich ein Oberhaupt für eine deutsche Föderation zu finden.
g Die Deutschen lieben die Anarchie.

❹ **Gruppenarbeit.** Sie arbeiten an einem Filmskript über den Wiener Kongress. Sie müssen den Dialog zwischen Lord Wellington und Freiherr vom Stein in direkter Rede aufschreiben. Fangen Sie so an:

Lord Wellington: Es **ist** nötig, die deutschen Angelegenheiten zu ordnen. Da Deutschland keine Einheit **hat**, …

GRAMMATIK   Seite 165, § 5.10

Verben + Dativ

Der Dativ folgt auf diese Verben: angehören, begegnen, beitreten, danken, dienen, entsprechen, folgen, gefallen, gehören, gelingen, gehorchen, genügen, glauben, gratulieren, helfen, sich nähern, nutzen, passen, schaden, schmecken, zuhören.

Der Kongress **diente dem Ziel**,…
The congress served the purpose…
Lord Wellington **begegnete dem Freiherr** vom Stein in Wien.
Lord Wellington met the Baron vom Stein in Vienna.

ZUM ÜBEN

Schreiben Sie sieben neuen Sätze mit je einem der folgenden Verben: folgen, helfen, dienen, danken, gehorchen, genügen, begegnen.

▷ Restauration und Revolution

Sowohl Lord Wellington und Freiherr vom Stein als auch andere Teilnehmer des Wiener Kongresses waren sich einig, dass eine Föderation auf deutschem Gebiet etabliert werden sollte. Allerdings konnte der Plan zu diesem Zeitpunkt nicht in die Tat umgesetzt werden, weil zu viele Fürsten andere politische Ansichten vertraten. Die dem Wiener Kongress folgenden 35 Jahre bis zum Scheitern der Revolution von 1848–49 werden im Allgemeinen das Zeitalter der Restauration und Revolution genannt.

gescheitert (*verb:* **scheitern**) failed	**behaglich** comfortable
der Gegensatz (sätze) contradiction	**die Postkutsche (-n)** stagecoach
die Bewegung (-en) movement	**der Fall sein** to be the case
die Besatzung (-en) occupation	**die Verfolgung (-en)** persecution
die Verhandlung (-en) negotiation	**veröffentlichen** to publish
etwas beschließen to decide s.th.	**die Mitwirkung (-en)** involvement
sich verpflichten to commit oneself	**im Widerspruch stehen** to contradict
das Jahrzent (-e) decade	**politische Unruhen (*pl.*)** political unrest
der Verbund (*no pl.*) (here) alliance	**das Volk erhebt sich** the people rise up (in revolt)
der Gesandte (-n) envoy	**die Verfassung (-en)** constitution

❶ ◆◆ Hören Sie sich den Dialog an. Bringen Sie die richtigen Satzhälften zusammen.

a Die Restauration ist die Bewegung, in der…

b Die Herrscher von Russland, Österreich und Preußen wollten mit…

c Das war nötig, weil viele Deutsche…

d Deutschland wurde nicht vereinigt und…

e Während der „Biedermeierzeit" war das normale bürgerliche Leben…

f Die Restauration war aber auch eine Zeit der Verfolgung der…

g Die Studenten und Intellektuellen forderten…

h Im März 1848…

i Nach der Revolution…

1 … dem Bündnis der „Heiligen Allianz" die neue Ordnung in Europa garantieren.

2 … der Status quo aus der Zeit vor Napoleon wiederhergestellt werden sollte.

3 … politisch aktiven Menschen, die andere Meinungen hatten als die Herrscher.

4 … während der vergangenen Jahrzehnte neue Rechte erhalten hatten, die sie nicht wieder verlieren wollten.

5 … erhob sich das Volk in ganz Deutschland zur Revolution.

6 … ein loser Staatenverbund aus 39 souveränen Fürstenstaaten ist auf deutschem Boden entstanden.

7 … ein vereinigtes Deutschland und Mitwirkung des Volkes in der Politik.

8 … idyllisch und behaglich.

9 … führten die Herrscher Verfassungen ein, ohne viel Macht zu verlieren.

❷ Zum Schreiben. Schreiben Sie etwa 150–200 Wörter zum Thema „Der Wiener Kongress 1815". Beantworten Sie in Ihrem Aufsatz die folgenden Fragen.

• Warum musste der Kongress stattfinden? (Was war vorher passiert?)

• Was wollten die Teilnehmer des Kongresses erreichen (z.B. die Monarchen, Fürsten, Lord Wellington, vom Stein)?

• Finden Sie, dass der Wiener Kongress erfolgreich war? Wie ist Ihre Begründung?

GRAMMATIK   Seite 162, § 5.4d

Modalverben im Imperfekt

Man nimmt den Stamm des Infinitives und lässt Umlaute dabei weg. Dann setzt man die Imperfektendung für schwache Verben an den Stamm.

Beispiel: können → konn → ich konn**te** → du konn**test** usw.

> Sie **wollten**, dass alles wieder so wurde wie früher.
> *They wanted everything to return to the way it had been before.*
> Während der Restauration **sollte** der Status quo aus der Zeit vor Napoleon wiederhergestellt werden.
> *During the Restoration the status quo from the time before Napoleon was to be reinstated.*

ZUM ÜBEN

Normalerweise drückt das Modalverb „wollen" einen Wunsch aus, „sollen" ein Ziel und „können" eine Möglichkeit. Lesen Sie sich die folgenden Sätze durch und entscheiden Sie, was jeweils zutrifft.

Beispiel: Napoleon wollte die Vorherrschaft in Europa. (*Wunsch*)

1 Napoleon konnte die Zahl der Zwergstaaten auf deutschem Gebiet von über 300 auf 39 reduzieren.
2 Napoleons „Code Civil" sollte jedem Bürger Freiheit und Gleichheit vor dem Gesetz bringen.
3 Die Soldaten aus Preußen, Russland, England, Schweden und Österreich konnten Napoleons Heer in der Völkerschlacht von Leipzig besiegen.
4 Lord Wellington und Freiherr vom Stein konnten in Wien ein Gespräch führen.
5 Freiherr vom Stein meinte, dass eine Verfassung in den deutschen Staaten eingeführt werden sollte.
6 Die Herrscher aber wollten alles kontrollieren.
7 Die Menschen wollten ein vereinigtes deutsches Vaterland.

LERNTIPP

Tipps zum Aufsatzschreiben

Sie haben Ihren Aufsatz entworfen. Was nun? Hier sind einige Vorschläge zur Fertigstellung.

Genauigkeit
Lesen Sie Ihren Aufsatz genau durch. Welche Fehler können Sie finden?

- Sind die Geschlechter der Substantive richtig?
- Haben Sie Plurale benutzt? Sind sie richtig?
- Haben Sie die passenden Adjektivendungen benutzt?

Satzbau
Haben Sie Konjunktionen benutzt? Wenn ja, vergessen Sie nicht, dass es zwei Arten von Konjunktionen gibt.

- Bei nebenordnenden Konjunktionen wie „und", „aber", „oder", „sondern", „denn" bleibt die Wortstellung im Nebensatz unverändert.

- Bei unterordnenden Konjunktionen wie „dass", „weil", „da", „damit", usw. (sehen Sie Seite 76) kommt das konjugierte Verb ans Ende des Satzes.

Zum Schluss schreiben Sie den Aufsatz sauber ab, und schließen Sie alle Verbesserungen ein, die Sie gemacht haben.

Bismarck und das Kaiserreich

▷ Der Aufstieg Preußens

In der Epoche, die man in der Kulturgeschichte die viktorianische nennt, und deren Spätzeit in Deutschland die wilhelminische Ära heißt, waren Großbritannien und Deutschland durch dynastische Beziehungen eng miteinander verbunden. Das wichtigste Verwandschaftsverhältnis bestand zwischen den beiden Herrschern, nach denen die Epoche benannt wurde: Königin Victoria von England, die von 1837 bis 1901 regierte, war die Großmutter des letzten deutschen Kaisers, Wilhelm II., der von 1888 bis 1918 regierte.

Die fünfziger Jahre des 19. Jahrhunderts waren eine Zeit großen wirtschaftlichen Aufschwungs. Deutschland wurde zum Industrieland. Es produzierte zwar noch weit weniger als England, überholte aber bald im Wachstumstempo. Dabei waren die Schwerindustrie und der Maschinenbau am wichtigsten. Preußen wurde auch wirtschaftlich zur Vormacht Deutschlands. Seit dem Beginn des wirtschaftlichen Aufschwungs waren die Bürger reicher geworden und diese ökonomische Kraft stärkte das politische Selbstbewusstsein des liberalen Bürgertums.

Seit 1861 gab es die Deutsche Fortschrittspartei. Sie wurde in Preußen die stärkste Partei im Parlament und verweigerte der Regierung die finanziellen Mittel, als diese die Struktur des Heeres in reaktionärem Sinne verändern wollte. Der neu ernannte Ministerpräsident Otto von Bismarck (1862) ging auf die Kraftprobe mit der Fortschrittspartei ein und regierte mehrere Jahre lang ohne die nach der Verfassung erforderliche Genehmigung des Staatshaushalts durch das Parlament. Die Fortschrittspartei wagte keinen Widerstand, der über eine parlamentarische Opposition hinausging.

Otto von Bismarck arbeitete auf die deutsche Einheit im kleindeutschen Sinne hin, also ohne Österreich. Den Widerstand Frankreichs brach er im Deutsch-Französischen Krieg (1870–71), den er gewann. Seitdem in Deutschland durch den Krieg patriotische Begeisterung ausgebrochen war, schlossen sich die süddeutschen Staaten mit dem Norddeutschen Bund zum Deutschen Reich zusammen. In Versailles wurde am 18. Januar 1871 König Wilhelm I. von Preußen zum Deutschen Kaiser ausgerufen. (Siehe Abbildung.)

❶ ▦ Lesen Sie den Text und suchen Sie die entsprechenden Ausdrücke.

Beispiel: *family relationship* = Verwandschaftsverhältnis

a *economic upturn*

b *heavy industry*

c *mechanical engineering*

d *supremacy*

e *refused*

f *the structure of the army*

g *test of strength*

h *authorisation of the state's budget*

i *proclaimed*

❷ Beantworten Sie die folgenden Fragen.

a Nach wem wurden die kulturgeschichtlichen Epochen zwischen 1837 und 1918 benannt?

b Was lernen wir über die Industrialisierung in England und Deutschland?

c Welche Industrien waren wichtig in Deutschland?

d Welcher Staat wurde besonders stark und warum?

e Otto von Bismarck war ein wichtiger Politiker dieser Zeit. Was waren sein Titel und sein großes Ziel?

f Wie hieß der letzte Krieg vor der Vereinigung Deutschlands?

g Wann und wo hat die erste Vereinigung Deutschlands stattgefunden und wer war der neue Kaiser?

h Warum wurde Ihrer Meinung nach der König von Preußen und kein anderer Mann der Kaiser von Deutschland?

GRAMMATIK

Seiten 166, 169, § 6.2, 7.5b ⟩

seit / seitdem

„seit" benutzt man mit *bestimmten* Zeitbegriffen, „seitdem" ist ein *unbestimmtes* Zeitadverb.

> **Seit** 1861 gab es die Deutsche Fortschrittspartei.
> *There has been a German progress party since 1861.*
> **Seitdem** in Deutschland durch den Krieg patriotische Begeisterung ausgebrochen war,…
> *Since patriotic enthusiasm had erupted in Germany because of the war…*

ZUM ÜBEN

Füllen Sie die Lücken mit „seit" oder „seitdem" aus.

Beispiel: Ich gehe … letztem Montag jeden Tag spazieren.
      = Ich gehe **seit** letztem Montag jeden Tag spazieren.

1 Meine Freundin isst … drei Wochen schon keine Schokolade mehr.

2 Ich mache Diät, … ich mich gewogen habe.

3 Gerda kauft sämtliche CDs von den Spice Girls, … sie in einem Konzert war.

4 … Sonntag rauche ich nicht mehr.

5 … den Sommerferien habe ich nichts mehr von dir gehört!

► Die Mutter des letzten deutschen Kaisers

Nachdem Queen Victorias Gemahl Albert im Jahre 1861 gestorben war, betrieb die Königin eine planmäßige Heiratspolitik für ihre Kinder. Ehe Albert gestorben war, hatte Tochter Vickys Heirat mit „Fritz" (Friedrich von Preußen) stattgefunden. Weitere fünf von insgesamt neun Kindern verheiratete Queen Victoria mit Deutschen. Ihr zweiter Sohn Alfred war zwar nicht mit einer Deutschen verheiratet, doch wurde er als Nachfolger von Prinz Alberts Bruder 1893 regierender Herzog von Sachsen-Coburg-Gotha.

Bevor er sein Amt als Herzog von Sachsen-Coburg-Gotha antrat, hatte Prinz Alfred in Bonn studiert um sich in die deutschen Verhältnisse einzuleben. Trotz aller dieser zusätzlichen familiären Verbindungen zu Deutschland blieb Queen Victorias Aufmerksamkeit vor allem auf Preußen gerichtet. Die Vision Prinz Alberts, Deutschland durch die Familienverbindungen auf den „englischen" Weg einer vorsichtigen, langsamen Demokratisierung hinlenken zu können, erfüllte sich jedoch nicht: Bismarck, der starke Mann in Preußen, ging andere Wege.

Bismarck, seit 1862 preußischer Ministerpräsident und seit 1871 deutscher Reichskanzler, nannte Vicky stets nur abfällig „die Engländerin". Obwohl ihr bei ihrem Einzug durch das Brandenburger Tor ein triumphaler Empfang bereitet wurde, blieb sie in Berlin immer eine Fremde. Die gegenseitige Abneigung zwischen der liberalen Prinzessin aus England und dem konservativen Bismarck dauerte lebenslänglich. Vicky brachte im Jahre 1859 den zukünftigen deutschen Kaiser Wilhelm II. zur Welt.

❶ 🖳 Lesen Sie den Text mit Hilfe eines Wörterbuches. Entscheiden Sie dann, ob die folgenden Aussagen richtig oder falsch sind. Korrigieren Sie die falschen Aussagen.

Beispiel: Vicky heiratete Friedrich von Preußen, nachdem Albert gestorben war.
   = *Falsch.* Sie heiratete ihn, bevor Albert gestorben war.

a Königin Victoria hatte neun Kinder, von denen sie insgesamt sechs mit Deutschen verheiratete.
b Alfred studierte in Berlin.
c Königin Victorias Aufmerksamkeit war vor allem auf Hessen gerichtet.
d Bismarck und Vicky hatten ein gutes Verhältnis zueinander.

❷ Beantworten Sie die folgenden Fragen auf Englisch.

a *Why did Alfred reign in Sachsen-Coburg-Gotha although he was not married to a German?*
b *Why did Queen Victoria marry off most of her children to German spouses?*
c *How would you describe the relationship between Vicky and Bismarck? Why was this so?*

GRAMMATIK   Seite 169, § 7.5b ⟶

Konjunktionen (ehe, nachdem, bevor)

Die unterordnenden Konjunktionen „ehe", „nachdem" und „bevor" ändern die Satzordnung. Das konjugierte Verb kommt ans Ende des Nebensatzes.

Nachdem Queen Victorias Gemahl Albert im Jahre 1861 gestorben war, betrieb die Königin eine planmäßige Heiratspolitik für ihre Kinder.
After Queen Victoria's husband Albert died suddenly in 1861, the queen pursued a systematic matchmaking policy for her children.
Ehe Albert gestorben war, hatte Tochter Vickys Heirat mit „Fritz" (Friedrich von Preußen) stattgefunden.
Before Albert died, daughter Vicky's wedding with "Fritz" (Frederick of Prussia) had taken place.
Bevor er sein Amt als Herzog von Sachsen-Coburg-Gotha antrat, hatte Prinz Alfred in Bonn studiert um sich in die deutschen Verhältnisse einzuleben.
Before he took up his post as Duke of Saxe-Coburg-Gotha, Prince Alfred had studied in Bonn in order to become accustomed to the German way of life.

ZUM ÜBEN

Verbinden Sie die Sätze mit den in Klammern angegebenen Konjunktionen.

Beispiel: Vickys Heirat mit Friedrich von Preußen hatte stattgefunden. Albert war gestorben. (ehe)
   = Vickys Heirat mit Friedrich von Preußen hatte stattgefunden, ehe Albert gestorben war.

1 Viele kleine Zwergstaaten auf der rechten Seite des Rheins waren seinem Schachspiel zum Opfer gefallen. Napoleon krönte sich 1804 zum Kaiser. (bevor)
2 Die Zahl der Zwergstaaten auf deutschem Gebiet hatte sich um 160 reduziert. Das Jahr 1806 war zu Ende. (ehe)
3 Napoleon machte sich daran in den besetzten Gebieten Veränderungen durchzuführen. Er hatte Frankreich neu geordnet und den „Code Civil" eingeführt. (nachdem)

► Stefan Zweig: Die Welt von gestern

Der Schriftsteller Stefan Zweig erinnert sich an die Zeit vor dem Ersten Weltkrieg, als er ein Kind war.

eine handliche Formel useful format	**Unvorhergesehenes** s.th. unexpected
prägnant concise	**das Geschlecht (-er)** lineage (family)
das Zeitalter (-) the age	**die Wiege (-n)** cot
auf Dauer gegründet permanent	**die Sparbüchse (-n)** piggy bank
die Beständigkeit (*no pl.*) constancy	**der Obolus (-se)** contribution
verbrieft (*verb*: verbriefen) guaranteed	**unverrückbar** unshakeable, unalterable
die Währung (-en) currency	**greis** grey, i.e. old
verbürgen to vouch for	**wohlberechnet** well calculated
das Vermögen (-) fortune	

❶ ◆◆ Lesen Sie sich die Vokabeln gut durch. Hören Sie sich die Kassette an und bringen Sie den Text auf Arbeitsblatt 10.1 in die richtige Reihenfolge.

A10.1

❷ Schreiben Sie die Sätze zu Ende, indem Sie das richtige Satzende auswählen.

a Diese Zeit war für den Mittelstand das Zeitalter…
 1 der Unzufriedenheit
 2 der Sorglosigkeit
 3 der Gewalt

b Man hatte als Bürger genug Geld um…
 1 ein angenehmes Leben zu führen
 2 etwas Unvorhergesehenes zu tun
 3 ein Beamter zu werden

c Wenn man Geld sparen wollte, dann…
 1 machte man eine Sommerreise
 2 legte man es auf einer Sparkasse an
 3 wurde man krank

d Der österreichische Kaiser war zu diesem Zeitpunkt…
 1 sehr unbeliebt
 2 ein junger Mann
 3 schon ziemlich alt

e In der Zeit vor dem Ersten Weltkrieg waren die österreichischen Bürger davon überzeugt,…
 1 dass es bald eine Revolution geben würde
 2 dass ein Krieg unmöglich passieren konnte
 3 dass alle Menschen radikal und gewaltsam waren

❸ Partnerarbeit. Bereiten Sie zu Zweit ein Referat vor. Entscheiden Sie sich für einen Titel.

• Die Besetzung Deutschlands unter Napoleon Bonaparte
• Das Zeitalter der Restauration und Revolution in Deutschland
• Deutsch-englische Verbindungen in der zweiten Hälfte des 19. Jahrhunderts
• Die Vereinigung Deutschlands 1871 unter Otto von Bismarck
• Der Ausbruch des Ersten Weltkrieges

Benutzen Sie die Texte aus dieser Einheit und Informationen aus der Bibliothek oder vom Internet. Versuchen Sie ein Referat zu erstellen, das ca. 5–10 Minuten dauert und die wichtigsten Punkte des von Ihnen gewählten Themas behandelt. Benutzen Sie auch die Tafel, OHP-Folien oder Fotos aus Büchern für Ihren Vortrag. Wenn Sie das Referat halten, sollten Sie möglichst nur Stichwörter ablesen und auch Ihre Meinung ausdrücken.

Kulturmagazin **10**

Heinrich Heine (1797–1856) wurde als Sohn eines jüdischen Kaufmanns geboren. Er veröffentlichte seine ersten Gedichte 1817 und während seiner Studienzeit lernte er viele Schriftsteller der deutschen Romantik kennen. Aus Karrieregründen ließ er sich 1825 protestantisch taufen. Nach vielen Reisen besuchte er 1831 Paris. Er blieb dann in Paris, wo er schließlich an einer unheilbaren Krankheit starb.

Dieses Gedicht handelt von den schlesischen Webern, die im Jahre 1844, in Folge der industriellen Revolution, an Hunger und Not litten. Hoffnungslos empörten sich die Weber gegen ihre Herren, aber ihr Aufstand wurde von den preußischen Truppen unter König Friedrich Wilhelm IV. unterdrückt.

„Die schlesischen Weber"

Im düstern Auge keine Träne,
Sie sitzen am Webstuhl und fletschen die Zähne:
Deutschland, wir weben dein Leichentuch,
Wir weben hinein den dreifachen Fluch –
Wir weben, wir weben!

Ein Fluch dem Gotte, zu dem wir gebeten
In Winterskälte und Hungersnöten;
Wir haben vergebens gehofft und geharrt,
Er hat uns geäfft und gefoppt und genarrt –
Wir weben, wir weben!

Ein Fluch dem König, dem König der Reichen,
Den unser Elend nicht konnte erweichen,
Der den letzten Groschen von uns erpreßt
Und uns wie Hunde erschießen läßt –
Wir weben, wir weben!

Ein Fluch dem falschen Vaterlande,
Wo nur gedeihen Schmach und Schande,
Wo jede Blume früh geknickt,
Wo Fäulnis und Moder den Wurm erquickt –
Wir weben, wir weben!

Das Schiffchen fliegt, der Webstuhl kracht,
Wir weben emsig Tag und Nacht –
Altdeutschland, wir weben dein Leichentuch,
Wir weben hinein den dreifachen Fluch,
Wir weben, wir weben!

von Heinrich Heine,
Die schlesischen Weber

- Lesen Sie das Gedicht zuerst laut vor.
- Versuchen Sie sofort die Stimmung des Gedichts zu beschreiben.
- Welche Rolle spielt der Rhythmus? Der Reim?
- Laut den Webern, wer ist für ihre Lage verantwortlich? Wer konnte Ihnen nicht helfen?

3 Der Erste Weltkrieg

„Die Frage nach der Schuld an diesem Krieg ist nach wie vor umstritten." Stimmen Sie mit dieser Aussage überein?

▶ Kriegsbegeisterung

Die Ermordung des österreichischen Thronfolgers am 28. Juni 1914 führte zum Ausbruch des Ersten Weltkrieges. Die Frage nach der Schuld an diesem Krieg ist nach wie vor umstritten. Sicher haben ihn Deutschland und Österreich auf der einen, Frankreich, Russland und England auf der anderen Seite nicht bewusst gewollt, doch waren sie bereit ein entsprechendes Risiko auf sich zu nehmen. Alle hatten von Anfang an fest umrissene Kriegsziele, für deren Verwirklichung eine militärische Auseinandersetzung zumindest nicht unwillkommen war.

Tatsachen über Deutschland © Societätsverlag

Der Kriegsausbruch führte bei allen beteiligten Mächten zu einer Explosion nationalistischer Gefühle. Jedes Volk fühlte sich als Opfer eines brutalen Überfalls und glaubte seine Heimat verteidigen zu müssen. Der deutsche Reichstag genehmigte fast einstimmig die Kriegskredite.

Erklärung des SPD-Abgeordneten Haase in der Reichstagssitzung vom 14.8.1914:

„Die Folgen der imperialistischen Politik, durch die eine Zeit des Wettrüstens herbeigeführt wurde sind wie eine Sturmflut über Europa hereingebrochen. Die Verantwortung hierfür fällt den Trägern dieser Politik zu; wir lehnen sie ab... Jetzt gilt es diese Gefahr abzuwenden, die Kultur und die Unabhängigkeit unseres eigenen Landes sicherzustellen. Wir lassen in der Stunde der Gefahr das eigene Vaterland nicht im Stich..."

Auch in Russland, wo ein Aufstand der Arbeiter gegen das Zarenregime bevorzustehen schien, wandelte sich bei Kriegsausbruch die Stimmung. Tausende von jungen Männern drängten sich als Kriegsfreiwillige zu den Waffen. Keiner von ihnen hatte eine Vorstellung von der Feuerkraft der modernen Waffen. Keiner wusste von der Zerstörungskraft zahlloser Geschütze und Minenwerfer, den Leiden des Stellungskrieges und der furchtbaren Wirkung von Giftgas, das in alle Winkel eindrang, die durch den Beschuss der Geschütze nicht erreicht wurden.

Selbst die Staatsmänner und Militärs hatten keine Vorstellung von den Schrecknissen der modernen Kriegsführung.

Unser Weg in die Gegenwart
© C. C. Buchners Verlag, 1984

---

die Ermordung (-en) assassination	**einstimmig** unanimously
umstritten controversial	**hereinbrechen über** to overtake
bewusst conscious	**sicherstellen (*sep*.)** to safeguard
fest umrissen clearly defined	**nicht im Stich lassen** not to leave in the lurch
die Verwirklichung (-en) realisation	**die Zerstörungskraft (-kräfte)** force of destruction
die Auseinandersetzung (-en) argument	**der Stellungskrieg (-e)** positional warfare
das Opfer (-) sacrifice	**in alle Winkel** in every corner
genehmigen to sanction	**die Schrecknisse (*pl.*)** horrors

❶ 📑 Lesen Sie den Text und schreiben Sie folgende Sätze zu Ende.

Beispiel: Am 28. Juni 1914…

= Am 28. Juni 1914 führte die Ermordung des österreichischen
Thronfolgers zum Ausbruch des Ersten Weltkrieges.

a Der Ausbruch des Ersten Weltkrieges führte in den Ländern Europas zu…

b Jede Nation glaubte, sie sei…

c Das Wettrüsten war eine Folge…

d Der SPD-Abgeordnete Haase erklärte in der Reichstagssitzung vom 14.8.1914,
dass das deutsche Volk in der Stunde der Gefahr…

e Niemand wusste von…

f Auch die Politiker wussten nichts von…

GRAMMATIK   Seite 163, § 5.8   G.10 ➤

Passiv

Das Passiv wird im Deutschen oft benutzt. Um einen Satz vom Aktiv ins Passiv zu verwandeln muss man
Folgendes beachten.

Die Staatsmänner und Militärs planen den Krieg. ➔ Der Krieg **wird** (von den Staatsmännern und
Militärs) **geplant**.

- Das Subjekt des aktiven Satzes wird zum Objekt mit der Präposition „von" im passiven Satz: „die
  Staatsmänner und Militärs" ➔ „von den Staatsmännern und Militärs". (Wenn das Objekt zum
  Verständnis des Satzes nicht notwendig ist, kann es ausgelassen werden.)
- Das aktive Verb erhält die Passivform: werden + Partizip Perfekt: „planen" ➔ „wird geplant".
- Das Objekt des aktiven Satzes wird zum Subjekt des passiven Satzes: „den Krieg" ➔ „der Krieg".

Die Zeit **wird** auch… das Zeitalter der Restauration und Revolution **genannt**.
The time is… also called the age of Restoration and Revolution.

ZUM ÜBEN

Füllen Sie die Lücken mit der passenden Verbform im passenden Tempus aus.

Beispiel: Etwa 20 Millionen Soldaten … (verwunden)
= Etwa 20 Millionen Soldaten **wurden verwundet**.

1 Die Frage nach der Schuld am Ersten Weltkrieg … noch heute … (diskutieren)

2 Am 28. Juni 1914 … der österreichische Thronfolger … (ermorden)

3 Die Heimat … von jedem Volk … (verteidigen)

4 Die Kriegskredite … vom deutschen Reichstag einstimmig … (genehmigen)

5 Das Vaterland … in der Stunde der Gefahr nicht im Stich … (lassen)

6 Giftgas drang in alle Winkel ein, die durch den Beschuss nicht … (erreichen)

7 Staatsmänner und Militärs … von der Brutalität des Krieges … (schockieren)

▷ Christian Hoss spricht über seine Nachkriegserfahrungen

Christian Hoss erzählt aus seiner Kindheit, als die Engländer sein Heimatdorf besetzt hatten.

❶ ◆◆ Hören Sie sich einen Teil des Originaltexts und dann die Reproduktion an. Machen Sie die Aufgaben auf Arbeitsblatt 10.2.

A10.2 ▷

GRAMMATIK

Schwache Substantive

Schwache Substantive enden im Akkusativ, Genitiv und Dativ in „-n" oder „-en". Schwache Substantive sind alle männlich.

Beispiele für schwache Substantive:
- der Junge (den Jungen, des Jungen, mit dem Jungen), der Student, der Mensch, der Herr (den Herrn, des Herrn, mit dem Herrn, mit den Herren)
- ausländische Wörter, die unter anderem auf „-ant", „-ent", „-ist", usw. enden, z.B. der Demonstrant, der Dirigent, der Polizist, der Journalist, der Architekt, der Astronaut, der Fotograf
- Substantive, die auf eine Nationalität hinweisen, z.B. der Schotte, der Franzose
- Berufe, die auf „-oge" enden, z.B. der Geologe, der Psychologe, der Soziologe

❷ **Gruppenarbeit.** Stellen Sie sich vor, Sie sind eine Gruppe von Journalisten. Schreiben Sie mit Hilfe des Hörtexts oder der Abschrift des Hörtexts ein Interview (Fragen und Antworten) mit Herrn Hoss. Wenn Sie das Skript fertig haben, könnten Sie das Interview auf eine Kassette aufnehmen.

❸ **Zum Schreiben.** Schreiben Sie zum Schluss einen Aufsatz von etwa 150–200 Wörtern zu einem der beiden Themen „Der Ausbruch des Ersten Weltkrieges hat sowohl die politische Situation in Europa als auch das tägliche Leben der Bevölkerung total verändert" oder „Die Frage nach der Schuld an diesem Krieg ist nach wie vor umstritten".

Kriegsverluste 1914–1918

Mehr als 8,2 Millionen Tote: davon aus

Russland	2,0
Deutschland	1,8
Frankreich	1,4
Österreich-Ungarn	1,2
Großbritannien	0,9
Italien	0,5
Türkei	0,3
USA	0,1

Etwa 20 Millionen. Soldaten wurden verwundet.

Unser Weg in die Gegenwart
© C. C. Buchners Verlag, 1984

Developing Study Skills

Much of what you have to learn to communicate successfully in German and to do well in the examination is taught to you by your teacher. However, you will also need to take some responsibility yourself for preparing adequately for the examinations. For some subjects it is possible to put in a lot of effort shortly before the examination and succeed. This is not true for languages, especially if you want to gain a good grade. You have to prepare yourself over a long period of time, as it is not possible to assimilate enough vocabulary and knowledge of grammar in a last minute effort. Try to stay on top of learning vocabulary and grammar right from the beginning of your course, and start revision early enough to make the workload bearable and to avoid a last minute panic.

In the following section you will find many ideas to help with the development of the skills that you need to be a successful linguist. It is designed to help you manage and control your learning, in order to obtain the best possible marks in your examinations.

1 Vocabulary learning

You cannot speak a language without words. Your vocabulary will determine, to a large extent, your ability both to understand and communicate in German. Learning words should not be new to you and you may already have quite a large vocabulary. However, the A Level examinations (AS and A2) require a much greater knowledge and understanding of German than other examinations you have already taken, so you will need to concentrate on expanding your vocabulary considerably.

Everybody learns in a different way and has their own techniques. You may already have found a system that works well for you. Here are some suggestions which you may find useful if you are not yet quite sure how best to tackle the daunting task of memorising words:

- Aim to learn between 5 and 10 words every day. If you memorised 10 words a day that would be over 6000 words during the two years of an A Level course.
- A good strategy for learning words is the 'look - say - cover - write - check' method. Read the 10 words you want to learn and then say them to yourself. Next cover up the German meanings and write them down. Finally check that you got them right. Go through the whole process again with any words which you did not get right.
- Ask someone to test you on the new words. Work together with a friend or ask a member of your family.
- Use a computer if you have access to one. Even without expensive computer programmes you can produce your own database of German words. Any method that makes you use the vocabulary helps to fix the words and their meanings in your mind.
- Group words in particular ways: alphabetically, subject areas, types of word (e.g. all verbs, nouns etc.) Associograms can also help you to remember vocabulary.
- Use odd moments to learn words. If you carry your words around with you, it is possible to use time during a break or on the bus or train to memorise them.
- Remember: learning vocabulary for five to ten minutes a day is more effective than learning for hours once a week!
- Some people find it easier to memorise words from lists or cards, others prefer to listen and repeat. If the latter is true for you, record a list of words on a tape and listen on your personal stereo. Leave gaps between the words to give yourself a chance to think and to say the English or German translation before you hear the answer on your tape.
- Revise your words (not just from the most recent lists!) on a regular basis so that they make their way from your short-term memory into your long-term memory.

If lists are not quite your thing, try to learn with the help of a vocabulary box or five envelopes. This system will also help to fix the vocabulary that you want to learn in your long-term memory:

a If you use one big box, divide it into five compartments. Alternatively use five small boxes or five envelopes, marking them 1, 2, 3, 4 and 5.

b Make a set of small cards.

c   Take the list of your ten words for that particular day. Write one German word or phrase on one side of the card and the English meaning on the other side.

d   Play a memory game with your ten words/phrases. With the English version facing upwards, see if you can remember the German.

e   If you know a word, place it in the second compartment of your box or in the second envelope. Among your ten words, there may be one or two that you still cannot remember. Put these words into box/envelope 1.

f   The next day you make ten new cards and learn ten more words/phrases. Take yesterday's words out of box/envelope 1 and mix them in with the ten new ones. Learn the words in the same way as the day before. The ones you know go into number 2, the others stay in number 1.

g   Carry on like this for a few days. When there are a reasonable number of cards (about 50-60) in box/envelope number 2, take them out and see which words you remember. Those you still remember put into number 3, the ones that you do not remember go back into number 1 - and no cheating!

h   Carry on adding ten words/phrases a day. When there is a reasonable number of words in box/envelope 3, take them out and see which ones you remember. Those go into box/envelope 4, the others back into number 1!

i   After a few weeks you will be working with all five boxes/envelopes. If you still remember a particular word once it has reached stage 5 you may discard it. If you stuck to the rules and the word did not go through the system too fast, it will be safely fixed in your mind by now.

You may wonder how to decide which words and phrases to include in your daily ration of ten. The best way to learn words is in context, by reading articles and deducing the meaning of new words you meet from the context or situation they are used in. Take care to note down the new words you come across in texts and memorise them. Your teachers might write new vocabulary on the board or hand out lists. Add these lexical items to your system. You may even decide to buy a vocabulary book.

2   Developing speaking skills

The oral examination is an important part of your AS and A level. Therefore you practise speaking in German wherever the opportunity presents itself: in the classroom, during intensive language courses, on holidays, exchanges or study visits.

Some of you will find oral examinations more demanding than others, for instance if you are a shy person, but there are ways you can deal with this and help improve your performance. There are certain things you can learn and steps you can take to help you succeed in the oral examination:

- Listening and speaking are closely linked. It has been estimated that 80% of one's linguistic ability is gained by listening. The more you understand the more you will be able to say. Listen to German wherever you can. See if you can receive foreign radio stations or if your Modern Languages Department has access to satellite television, if you have a satellite or cable television at home, check whether you can receive any German channels. Your teachers might also be able to provide you with cassette material that you can take home. Try to set aside 10-15 minutes for listening each day and do not worry if you do not understand everything. In order to fix certain patterns of speech in your mind, it helps to listen to a short section over and over again.

- In order to be able to produce good German, you will need to practise it whenever possible. Whenever you are given the opportunity to speak German in the classroom, do so. Try not to worry about making mistakes. Work with different partners to become accustomed to different conversational styles.

- When working in small groups, do not hide behind other people. Express your point of view as best you can in German. If you can overcome your fear of speaking, you will soon realise how much you are improving.

- Use the following Speaking Assessment Grid to assess your own or each other's progress. If you look at the grid, you will see that it gives descriptions of performance at different levels for each of the categories in the title line.

Speaking Assessment Grid

Overall Assessment	Pronunciation and Intonation	Comprehension and Fluency	Accuracy	Range of Vocabulary and Structures
Very Good	Best standard expected of non-native speaker. Some errors of pronunciation but sounds convincingly German.	Almost no problems of comprehension. Ready to lead and take initiative. Capable of continuous flow.	Very few errors even in complex language.	More complex sentences. Wide range of vocabulary (adjectives, adverbs). Knowledge of idiom.
Good	Some mispronunciation, but intonation reasonably German. Clearly aware of the rules of pronunciation.	A little hesitancy but no real problems of comprehension. Generally forthcoming and able to maintain flow.	Simple language very accurate. Mostly accurate in more complex structures.	Uses a variety of structures, including subordinate clauses and past tenses. Good range of vocabulary.
Adequate	Nasals and most vowels correct but quite a number of errors and faulty intonation	Needs a fair amount of prompting and repetition of question. Rather hesitant production.	Basic language correct but attempts to use more complex language lead to error.	Beginning to use more variety of structures. More extended vocabulary.
Poor	Very anglicised	Poor comprehension. Understands basic questions. Halting and laboured production.	Many basic errors, eg in tense and verb forms and adjectival endings.	Only simple sentences. Vocabulary limited.
Very Poor	Hardly comprehensible	Responds with only two or three words.	So incorrect that communication is hardly possible.	Very restricted range of vocabulary. Cannot produce full sentences.

Understanding the grid may help you to evaluate your own performance and decide on your own strengths and weaknesses.

As the examination approaches there are certain aspects you should address and prepare:

- Take responsibility for knowing exactly the form of the examination. What do you have to prepare beforehand? What can you expect apart from a prepared presentation and/or conversation? What are the exact criteria used by the examiner and how are these criteria judged? Clearly it is your teacher's role to provide you with the appropriate parts of the teaching syllabus, but if you feel the examination is coming closer and you have not received such information, ask for it!

- Make sure that you have learned specific phrases to steer the conversation during the examination in the direction that you choose.

- Try to look your best. If you feel comfortable with your appearance, you will be more confident in the presence of an examiner.

The examination for which you are preparing may include one or more of the following tasks:

- a two or three minute short talk on a topic prepared before the examination, followed by a discussion of the topic with the examiner.

- preparation of a document, either written or visual, during the half hour immediately preceding the examination, followed by a conversation centred around the document.

- preparation and carrying out of a communicative task, where you might have to play a role or defend a point of view.

- various types of reporting or negotiating tasks.

- discussing your own experiences, opinions and future plans and aspirations.

All oral examinations will be mainly concerned with your ability to communicate in German, and they will concentrate on six main areas of your performance:

- pronunciation and intonation
- comprehension
- fluency

- accuracy
- range and variety of vocabulary
- range and variety of structures

While it is obviously important to speak good German, you must not forget that the content of what you say is also considered. Without demonstrating factual knowledge, expressing personal opinions and justifying those opinions, you will not be able to gain the best grades, even if your language is excellent. In a role-play or reporting task, it is important to ensure that you carry out your role successfully and fulfil the task set.

If you want to do well in the oral examination it will help you if you take the initiative, or at least an active role in the conversation. The examiner's job is to ask questions which are open-ended and will allow you to perform to the best of your ability. Avoid monosyllabic answers at all costs. If a question triggers a 'yes' or 'no' response, expand your answer without further prompting. If you practise developing your answers so that you guide or influence the dialogue, you will not only gain marks for creativity and initiative, but also get an opportunity to make sure that you are in control of what the conversation is about.

Some practical hints to help you survive the oral examination

- Make sure that you have had enough sleep the night before.
- Do not over-prepare the night before your examination, as this may be counterproductive.
- Use the time before your examination to get your brain into 'German mode'. Listen to a German tape or arrange to speak German with a friend over a cup of tea.
- Make sure you get to the examination in good time. You may be nervous enough as it is; panicking about being late will not help.
- Use your preparation time well. If you are given a choice of stimulus material to prepare immediately before the examination, do not take too long deciding which material you want to use. Read carefully through all materials, then make your decision. Once you have started to prepare a task in depth, you should not change your mind again

as you may waste valuable time.
- If you have access to a dictionary, use it selectively. Do not look up words which you know, just to make sure. Again, this may waste time.
- If you are allowed to write on the sheet with the examination task, do so! Take several different coloured highlighters and/or pens into the preparation room.
- Take a small bottle of water with you. Try to find out beforehand, during your briefing with the examiner for example, whether you are allowed to take water into the examination. Most examiners will not mind. If you panic during the preparation or indeed during the examination, take a sip of water followed by a deep breath. This gives you time to think and will help to calm you down.

3 Developing listening skills

The nature of listening comprehension

When we listen to language in real life, we are trying to understand and decode what is being said. Sometimes, in addition, we may be taking part in some output (for instance speaking) although we may often be purely listening. In an examination, you will always be asked to make a response, so that you can be assessed. This will usually take the form of either writing an answer in German or in English, ticking boxes, filling in grids etc. to show your understanding of the task.

In real life we usually get one opportunity to hear, understand and respond to a piece of information received from a person, loudspeakers, from radio or television. In the examination you get several chances to listen to the same material before answering a question. In some examinations, candidates have control over the tape and can rewind and listen again, within the limits of the time allowed. Ask your teacher about how the listening examinations are conducted in your school/college.

Suggestions for developing listening skills

To develop listening skills it is important to listen to German as much as possible. The variety of types of authentic material which you may listen to include:
- everyday speech

- announcements (e.g. shop or station)
- radio information (weather, traffic information)
- advertisements
- news
- interviews

In a higher level listening passage, it is very easy to feel lost, and to have the impression that you do not understand a single word. It is important to learn to suppress this feeling as one of the aims of the examination is to assess your ability to deduce the meaning of passages in which you do not understand every word. The same is true, of course, when you are using your German in a real-life situation at home or abroad. You need to learn to pick out particular words that you recognise or to deduce the meaning of the particular passage from the intonation or the language that precedes or follows it. In many ways the strategies needed for understanding a listening text are the same as those needed for understanding a reading passage.

Here are some strategies to help you to increase your ability to understand listening texts:

- If a task is attached to the listening text, as will be the case in examinations, make sure that you first read the questions very carefully so that you know exactly what you are listening for. This is an excellent place to practise selective use of the dictionary.
- Concentrate on what you can understand rather than get demoralised about what you cannot.
- Clues and signals can often be found in the questions. They come in the form of synonyms or words in the same family which enable you to home in on a section of the passage in which the answer is to be found. Listen extra carefully to the passage around the 'clue word' – vital information is often contained here.
- Recognise indicators for introducing an idea, changing topic, emphasis, clarification, expressing a contrary view.
- Distinguish the main points from supporting details.
- Think ahead and predict later parts of the text.
- Identify elements in the text which can help you to recognise how the information is structured.

Here are some ideas for ways in which you can develop these strategies and improve your listening skills:

- **Running dictation.** Work with a partner. A tape recorder or personal stereo is deposited on a table a few metres away from your base. One of you runs over to the recorder, listens to a short bit of the tape, memorises a sentence or part of a sentence and runs back to the base. Dictate what you remember to your partner.
- **Listening to a short section of a tape.** Listen for a particular word or phrase that you do not immediately understand. Switch off the tape and try to remember what the word or phrase sounded like.
- **Listening ahead.** Stop the tape at a certain point and predict the rest of the sentence.
- **Listening to a text and reading it at the same time.** This will help to bridge the gap between reading the written text and hearing the spoken word. It is particularly useful for helping you identify words which you would recognise in their written form, but which may not sound quite as expected (for instance, some plurals of familiar words, such as *Häuser, Gläser,* etc.).
- **Making notes on a text.** To focus your listening skills, it is useful to make notes on, or a summary of, the text to which you are listening.
- **Transcription.** Write out an exact transcription of what you hear on the tape. This is a form of very intensive listening similar to dictation, but with the opportunity to replay the tape in order to train your ear to pick up details which you might have missed at first.

4 Developing reading skills

The nature of reading comprehension

Reading comprehension takes place at a number of different levels, beginning with individual syllables and words, and moving via comprehension of phrases and sentences to understanding the text as a whole.

When you read a passage in your own or another language, you are using a range of skills:
- Locate – identify, recognise and select a particular vocabulary item or piece of information in a text.

- Reorganise – classify and order information in a text.
- Compare – identify differences or similarities between texts.
- Infer – deduce, predict, interpret, extrapolate from the information in the text.
- Appreciate – distinguish a fact from an opinion or a feeling. Evaluate the correctness of a piece of information; judge whether an action is good or bad.

Often you will be taken through a particular text by your teacher, but it is also useful to develop personal reading strategies, so that you know how to tackle a higher level text on your own. These strategies will be invaluable when you are faced with a reading text in the examination.

Suggestions for developing reading skills

This sequence of strategies will help you approach a reading text correctly and understand it:

Stage 1 – Discovering the text

- **Develop comprehension strategies to help you to understand the text.** If the text is on a subject familiar to you, you will have an idea of the words which are likely to appear in it. Try to work out what the subject matter is as soon as possible. Also try to gain as much information as you can from headings, subtitles, pictures, cartoons and the layout of the text.
- **Skim reading.** Get a general idea of the gist of the text by skimming your way through it without being put off by unknown words. Try to get a rough idea of what the text is about.
- **Scanning.** Now focus on particular items. Locate specific information and words you know already and check that you understand the main theme of the text.
- **Language analysis and collection.** Note down new words and phrases. Before you look them up, try to have a good guess at what they mean. Note down your guess so that you can compare it later with what you find in the dictionary. When you are guessing the meaning of words, try to let any similarities between the German and English words help you (for instance, with words like 'tablet' and

'die Tablette'. These are known as "cognates".) When you have finished guessing as many of the meanings as you can, confirm your efforts by checking with a bilingual dictionary.

- **Developing knowledge of German word structure.** Note the following points:
- Compound words, such as *Krankenhaus*, *Lastwagen*, *Fahrkarte*, etc., are made from two words you might know individually even if you have not met the compound. It is usually possible to guess their meaning.
- It helps to know about how nouns are formed from verbs (often from tenses other than the present tense) – e.g. *Schnitt* (from *schneiden*), *Einstieg* (from *einsteigen*), *Umzug* (from *umziehen*), *Aufnahme* (from *aufnehmen*) etc.
- Find out about changes that can happen to words which affect their meaning (e.g. feminine endings such as *–in*, plurals, diminutives like *–chen*, other endings like *–schaft* or *–heit*, which correspond roughly with *–ness* in English, etc.).
- Inseparable prefixes like *be*, *emp-*, *ent-*, *er-*, *ge-*, *ver-*, *zer-* can change the meaning of a verb. The prefix *zer-* has a constant meaning: destruction or reduction to small parts or components e.g. *drücken* (to squeeze) to *zerdrücken* (to squash).
- You know about separable prefixes in the context of separable verbs. Look at the following list of common separable prefixes and their basic meanings:

ab	off, down	e.g. *abwerfen* (to throw off)
an	at, on	e.g. *anmachen* (to switch on)
auf	up, open	e.g. *aufmachen* (to open up)
aus	out, off	e.g. *aussteigen* (to get out of)
ein	into, in	e.g. *einsteigen* (to get into)
fort	away	e.g. *fortbringen* (to take away)
heim	home	e.g. *heimbringen* (to bring home)
her	toward the speaker	e.g. *herbringen* (to take toward the speaker)
hin	away from the speaker	e.g. *hintragen* (to carry there)
mit	with, along	e.g. *mitbringen* (to bring along)
nach	after	e.g. *nachholen* (to catch up with)
nieder	down	e.g. *niederwerfen* (to throw down)

vor	before	e.g. *vorlesen* (to read out loud)
weg	away	e.g. *wegwerfen* (to throw away)
zu	to, close	e.g. *zumachen* (to close)
zurück	back	e.g. *zurückbringen* (to bring back)
zusammen	together	e.g. *zusammensetzen* (to put together)

Stage 2 – Working around the text

- When you have worked through the text well enough to have a satisfactory understanding of it, you need to make sure the new vocabulary and structures you have learned are fixed adequately in your head. It will help you to make notes on the meaning of the text, i.e. write a short summary. Write as little as possible. In some cases one sentence might be enough.

- Use the vocabulary learning techniques described earlier to help you learn the new words. It is also very helpful if you practise working with new grammatical structures, many of which are explained and practised in *Grammatik* and *zum Üben*.

Stage 3 – Working away from the text

- Now see if you can write a summary of the text in German. Recycle as much of the original language as you can, but make sure you understand it fully.

- Use parts of sentences from the original text. If you want to use a whole sentence make sure to substitute synonyms for some of the original vocabulary and thus make the language your own.

- Prepare for essay-writing by using your newly-learned vocabulary to write a 50 to 60-word paragraph stating the pros and cons of issues raised in the text.

By the end of the process described above, you will have moved from a point where you were working out what the basic meaning of the text was to a position where you can produce quality language yourself based on the same topic.

5 Developing writing skills

Before you write anything in German, for any purpose, you will need to decide the following things:

- **Why** are you writing? To inform? To persuade? To summarise?
- **For whom** are you writing? For your teacher? Your boss? A friend?
- **What** are you writing? A letter? A fax? An essay? A summary? A report?
- **How** are you writing (the 'register')? Formally? Informally? Technically?

Reading

In the same way that listening benefits speaking by increasing your confidence and fluency, so reading helps your writing skills by increasing your vocabulary and making you familiar with phrases to use as models in your own writing. To become familiar with the range of styles you need, you will need to read a variety of documents such as:
- formal letters (e.g. business letters)
- informal letters (to friends, family, etc.)
- faxes, e-mails and Internet material
- reports and newspaper articles
- newspaper editorials (these are really essays!)
- descriptions (e.g. travel brochures, tourist guides)
- advertisements (especially ones with a lot of text)
- technical writing (e.g. instruction booklets, car advertisements)

These will help you to broaden your vocabulary and learn words of various styles or registers to use in different types of text.

Pre-writing

Firstly, you need to plan your work. To do this, you need to go through a number of steps:
a read the instructions or examination rubrics in the question at least twice
b read any texts, letters, faxes, e-mails, etc. in the question at least twice
c make notes
d plan sections/paragraphs
e write a draft
f check, alter and redraft your material
g write the final version

If you are summarising a text, start by finding the important points. Then look for any subsidiary ones. If you are writing a fairly lengthy piece, brainstorm, writing down anything that comes into your mind to do with the subject.

You will need to be selective as you write your topic headings, and eliminate anything which, on reflection, doesn't seem relevant. This is particularly important in the examination, where your time will be limited.

Planning

Nearly every kind of written text needs to have a beginning, a middle and an end. If you are answering a letter, you will need to:
- Acknowledge receipt of the letter and thank the writer (beginning)
- Answer any points made (middle)
- Close the letter appropriately (end)

If you are writing an essay, you will need to:
- Introduce the topic or problem (beginning)
- Make various points, possibly for and against (middle)
- Reach a conclusion and/or answer a question (end)

More precise details for an essay might include the following questions:
- What is the general/current situation?
- What is the problem?
- What can/should be done?
- What is the cause of the problem? Whose fault is it?
- What is your personal view?

Once you have assembled your material, you will need to consider the form in which you are going to present it.

Essay writing

When it comes to writing an essay it is important to distinguish between 'discursive' and 'argumentative' types:
- An essay is 'discursive', if it examines different aspects of a situation or a problem. In an 'argumentative' essay, you argue the case for or against a particular point of view.
- If you are writing a 'discursive' essay, you need to first introduce and then cover **a range of aspects** of a topic. You need to keep the theme of your essay clear in your mind and make sure that everything you say is relevant to the question or title of the essay.

- In an 'argumentative' essay you have to first introduce your topic and then produce **thesis, antithesis** and **synthesis**. There are two ways of dealing with this:
  - You present your thesis i.e. all your points in favour of the argument, followed by the antithesis, i.e. all your points against the argument. When you have exhausted your list of viewpoints you want to cover, you either make up your mind to agree with one or the other side of your argument or you suggest a compromise. This is the synthesis.

Or

  - You present points for and against the argument alternately. For example you start a paragraph ('Es *wird oft behauptet, dass...*' / '*Auf der einen Seite...*') presenting a point of your argument. You then start the second paragraph contradicting your first point ('*In diesem Zusammenhang darf aber nicht vergessen werden, dass...*' / '*Auf der anderen Seite...*'). When you have exhausted your list of viewpoints you write your synthesis as described above.

When you have decided upon the theme and form of your essay, you have to plan its structure thoroughly before attempting to write the piece. Note the following points:

- **Introduction.** A good introduction should grab the reader's attention and give the reader their bearings. Make sure they want to read on. Give a context to the essay, even hint at the author's viewpoint. Do not prejudge the conclusion. If you present your conclusion at this point, there is no need for your audience to finish reading the essay. Your introduction should lead into the first paragraph.
- **Main body of the essay.** Your piece needs to consist of paragraphs that cover all the points that you want to make.
- **Conclusion.** The impact of the essay must not tail off. Restate briefly your main points and sum up. If appropriate state your personal point of view. Give a reason why you have reached this particular conclusion. Provide the reader with a memorable focal point, i.e. a quote, a question, a solution or recommendation or hint at the wider issues you can see.

- **Paragraphing.** Your introduction is your first paragraph. Thereafter every point you want to make requires a separate paragraph. Start each paragraph with a lead sentence, from which all the other sentences will follow. Make your point, provide facts or anecdotal evidence, explain in more detail, give an example or produce a quote where possible to back your point. If appropriate, briefly express your opinion on that particular point. (Do not fall into the trap of stating a new point of view at this late stage!)

- **Transition and articulation.** When you write an essay you need to remember that you are producing a formal piece or work and it is important that its structure should be clearly visible to the reader. The person who reads your work has to be led step by step from the beginning to the end. In order to achieve this you have to show the links between your paragraphs and thus your points.

- **Sequencing.** Here a list of words and phrases to sequence your essay:
  Zuerst/ Am Anfang/ Erstens...
  Dann/ Danach/ Folgend/ Zweitens...
  Außerdem/ Zusätzlich/ Drittens...
  Schließlich/ Endlich/ Zum Schluss...

- **Comparing or balancing**
  Auf der einen Seite..., auf der anderen Seite...

- **Opposition and contrast**
  Auf der anderen Seite...
  Tatsächlich...
  Im Gegensatz zu...
  Während...
  Aber...

- **Giving examples**
  Zum Beispiel...
  ..., um nur ein Beispiel zu nennen.
  Besonders...
  Im Besonderen...
  Das beste Beispiel ist sicher...

- **Introducing an element of restriction**
  Allerdings...
  Trotzdem...
  In jedem Fall...
  Man darf jedoch nicht vergessen, dass...

- **Introducing a quotation**
  Das folgende Zitat soll diesen Punkt demonstrieren.
  Wie das folgende Zitat auch zeigt...

- **Giving opinions**
  Meiner Meinung nach...
  Ich bin fest davon überzeugt, dass...
  Ich denke, dass...

Drafting

- Write a rough version of your text wherever possible. If an essay has to be written for examination homework or as coursework you should have time to work through all the stages described above. Examination conditions will not allow this, but if you have practised writing essays before, it will obviously help you in the examination room.

- If you write at home, try to word-process your essay. It makes it much easier to work on the draft afterwards, change parts, delete or add. This is particularly useful for coursework, but make sure you know how to access the Umlaut on your computer and do not forget to put capitals on nouns.

- After you have written your draft, read it and think about it again. Have you fulfilled the original purpose of the writing? Have you covered all the points that you needed or wanted to make? Does each paragraph have a sentence that summarises its main message, and do the other sentences follow logically? Is what you have written clear? Is the piece written in an appropriate style? Finally check very carefully for accuracy (tenses and word order are common stumbling blocks!). Try to find as many mistakes as possible and correct them.

- Write up your final version.

6 Developing dictionary skills

Used sensibly, a dictionary can be a very valuable tool to you in your language studies. There are many kinds of dictionary, but the main varieties we are concerned with here are bilingual dictionaries and monolingual dictionaries.

Using the bilingual dictionary

German-English

You may need the German-English section of a bilingual dictionary for the following reasons:

- to find the meaning of a German word or expression
- to find the pronunciation of a German word or expression
- to get a grammatical definition of a word (noun, verb, etc.)
- to find the gender of a noun
- to find the plural form of a noun
- to check idiomatic or metaphorical uses
- to find related or compound words under the same entry
- to check your researches from the English-German section

You should check words in a bilingual dictionary with care, and always check them in the English-German section afterwards to make sure you have chosen the right word. The words in a dictionary are grouped in alphabetical order, and the first and last words on each page are printed at the top left and right respectively.

The head word

This is printed in bold. Verbs are given in the infinitive and nouns in the nominative singular, so you might have to do some deduction before you actually arrive at the word you are looking for. It is also a good idea to look at sections of the word to see if it is a compound, because if so there is a chance that you might need to look up the words it is made from separately.

bloß *adj* [*unbedeckt*] bare.

head word

Pronunciation

This is usually given via the International Phonetic Alphabet (IPA). Although these symbols may at first look strange, they are listed in full at the beginning of most dictionaries.

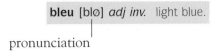

bleu [blø] *adj inv.* light blue.

pronunciation

Part of speech

This tells you via abbreviations what type of word you are looking at. For instance, 'nf' means 'noun, feminine' and 'vtr' means 'verb, transitive'. There is again a list of these terms and other abbreviations at the beginning of most dictionaries. Some dictionaries divide words up into sub-categories, which may be numbered.

blöken *vi* [*Schaf*] to bleat.

part of speech

Meaning

The meaning of the word is usually printed in plain type instead of the head word's bold type. The main meaning is given first, followed by examples of use and variations in meaning. If a word has a number of meanings, these will usually be numbered.

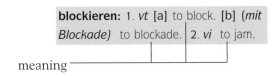

blockieren: 1. *vt* [a] to block. [b] (*mit Blockade*) to blockade. 2. *vi* to jam.

meaning

Abbreviations

To save space, the head word may be abbreviated if it is repeated, or, in some cases, a dash or tilde may replace the word.

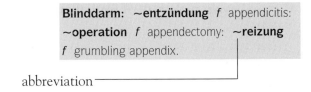

Blinddarm: ~**entzündung** *f* appendicitis: ~**operation** *f* appendectomy: ~**reizung** *f* grumbling appendix.

abbreviation

Metaphors and idioms

Uses of words and expressions other than in their literal sense occur towards the end of a dictionary entry:

> **Blinde(r)** *mf decl as adj* blind person/ man/woman etc. **die ~n** the blind **das sieht doch ein ~r** *(col)* any fool can see that.

metaphors and idioms ————

English-German

You will need the English-German section of the dictionary:

- to find the German for an English word
- to narrow your choice to fit the examples given
- to check something you have looked up in the German-English section

You might want to say something like 'This is moderately interesting'. Looking up 'moderately' we find:

> **moderately** [...] *adv* einigermaßen. **a ~ expensive suit** ein nicht allzuteurer Anzug; **the house was ~ large** das Haus war mäßig groß.

Which word would you use for your sentence? In this case there are three possibilities: *einigermaßen, nicht allzu-, mäßig*. You might choose *einigermaßen*. To make absolutely sure that this word fits into what you want to say, it is important to cross-check in the German-English part of the dictionary:

> **einigermaßen** *adv* rather, somewhat: *(vor adj)* fairly: *(ungefähr)* to some extent. **~ Bescheid wissen** to have a fair idea: **wie geht's dir? –** ~ how are you? – all right, not too bad.

You cannot find 'moderately' here. You could argue that 'fairly' means the same and use 'einigermaßen'. Alternatively you might look up 'mäßig':

> **mäßig** *adj* [a] moderate. ~ **essen** to eat with moderation: ~ **rauchen** to smoke in moderation: ~ **aber regelmäßig** in moderation but regularly. [b] *(schwach) Leistung etc.* mediocre: *Begabung, Beifall* moderate.

Here you see 'moderate' listed. In fact you could use both words here to fit your sentence, but this is not always the case and can lead to silly mistakes that show that you have not been using your dictionary properly.

Using the monolingual dictionary

You will need to use a monolingual German dictionary for all the same purposes as a bilingual one, and also:

- to find a synonym
- to find a definition
- to find the earliest usage of the word

If we'd look up 'einigermaßen', we read:

> **einigermaßen** (Adv.; umg.) 1. *erträglich, leidlich, in mäßigem Grade*; er verdient ~; ~ gute Qualität; es geht mir ~; ~ niedrige Preise 2. *ungefähr, ziemlich (gut)*; hier kenne ich mich ~ gut aus; das ist ~ erstaunlich; es ist ~ kalt draußen; auf diesem Gebiet weiß ich ~ Bescheid.

It becomes clear that this word has two different meanings. These are listed under 1 and 2. The first entries are synonyms. These are followed by concrete examples to demonstrate the use of the word.

Grammar Summary

Introduction

- Grammar is not something heavy and boring that has been put as a hurdle to make German more difficult. Rather the opposite. It is there to speed up your learning of the language by giving you patterns to follow. You picked up the patterns of your own language over several years, and this grammar section summarises the main patterns of German for you – once you have learnt a pattern, you can apply it in lots of different situations.

- This grammar summary is not intended as a comprehensive guide to the whole of German grammar, but it includes clear explanations in English of all the grammar points covered in *Aufgeschlossen* as well as helpful examples in German and English.

- It is organised so you can use the examples to test yourself – just cover up the German and check that you can translate the English part.

- Sometimes grammar points are linked together or become clearer when you look at another section. In these cases the fast forward >> or rewind << symbols refer you to the appropriate section.

- You can find extra practice of grammar in the main part of this book (**Grammatik zum Üben**) and on worksheets (**Grammatik Extra**). Check that you have understood the point and do the exercises. The important thing then is to use the construction yourself – make up sentences that deliberately use the point you have just learnt and that will help it stick in your memory. (See the **Developing Study Skills** section for more tips on how to learn effectively.)

1 Nouns and articles

A noun (**Substantiv**) is a naming word. It can be the name of a person, animal, thing or quality. The test of whether a word is a noun in English is to see if you can put 'the' or 'a/an' before it. In German, all nouns start with a capital letter, wherever they are in a sentence.

1.1 Gender

German nouns are grouped according to three genders – masculine (**Maskulinum**), feminine (**Femininum**) and neuter (**Neutrum**). Some of the masculine and feminine nouns are very obvious because they refer to male or female people and animals:

woman	man	boy
Frau (f)	**Mann** (m)	**Junge** (m)
aunt	dog	bitch
Tante (f)	**Hund** (m)	**Hündin** (f)

The rest are not so obvious and just have to be learnt:

car	table	lamp	sun
Wagen (m)	**Tisch** (m)	**Lampe** (f)	**Sonne** (f)

Similarly, neuter nouns have to be learnt – and watch out for some surprising ones: >> 1.1c.

settee	meal	horse
Sofa (n)	**Essen** (n)	**Pferd** (n)
child	girl	young woman
Kind (n)	**Mädchen** (n)	**Fräulein** (n)

The gender of a noun may seem random at first, but there are patterns which can often help you recognize what gender it is likely to be.

a. Masculine

■ Most nouns ending in **-er**:

computer	baker	alarm clock
Computer (m)	**Bäcker** (m)	**Wecker** (m)

Some notable exceptions are:

mother	daughter	sister
Mutter (f)	**Tochter** (f)	**Schwester** (f)
butter	number	
Butter (f)	**Nummer** (f)	

■ Seasons, months and days:

spring	March	Friday
Frühling (m)	**März** (m)	**Freitag** (m)

b. Feminine

- Most nouns ending in **-e**:

map	jacket	heat	disk
Karte (f)	**Jacke** (f)	**Hitze** (f)	**Diskette** (f)

Some notable exceptions are:

name	cheese	end
Name (m)	**Käse** (m)	**Ende** (n)

- Nouns ending in **-heit, -keit, -schaft, -ung**:

beauty	reality
Schönheit (f)	**Wirklichkeit** (f)
friendship	flat
Freundschaft (f)	**Wohnung** (f)

- Most nouns ending in **-ion, -ik**:

nation	politics
Nation (f)	**Politik** (f)

c. Neuter

- Most nouns which refer to the young or end in **-chen** or **-lein** (a smaller version of something):

baby	child	lamb
Baby (n)	**Kind** (n)	**Lamm** (n)
girl	duckling	young woman
Mädchen (n)	**Entchen** (n)	**Fräulein** (n)

- Many foreign nouns:

telephone	hotel	office (from French)
Telefon (n)	**Hotel** (n)	**Büro** (n)

- Nouns ending in **-um**:

centre	grammar school
Zentrum (n)	**Gymnasium** (n)

- Nouns ending in **-en** (often formed from verbs):

eating	driving
Essen (n)	**Fahren** (n)

▼ **AUFPASSEN!**

Compound nouns take the gender of the last part of the word:

station
Bahn (f) + **Hof** (m) = **Bahnhof** (m)

1.2 Definite article

In English, we only have one definite article: 'the'. In German, there are many. The form depends on the noun it belongs with (gender, singular or plural, place in the sentence). **>>** 1.4, 1.5

If the definite article is the subject **>>** 1.4 of the sentence, it is one of these words:

	m	f	n	pl (all genders)
the	**der**	**die**	**das**	**die**

the spoon	the fork	the knife	the plates
der Löffel	**die Gabel**	**das Messer**	**die Teller**

1.3 Indefinite article

In English, the indefinite articles are 'a' or 'an' in the singular and 'some' or 'any' in the plural.

If the indefinite article is the subject **>>** 1.4 of the sentence, it is one of these words:

	m	f	n	pl (all genders)
a, an	**ein**	**eine**	**ein**	(no plural in German)

a boy	an aunt	a house	(some) houses
ein Junge	**eine Tante**	**ein Haus**	**Häuser**

▼ **AUFPASSEN!**

When 'some' in the plural means 'a few', **einige** can be used. For 'some' in the singular, **etwas** can be used:

We have some friends, but not many.
Wir haben einige Freunde, aber nicht viele.
I've got some money.
Ich habe etwas Geld.

1.4 Cases

The articles (definite and indefinite) vary according to their place in a sentence. This is shown in German by using a different 'case' . There are four cases:

- Nominative (**Nominativ**)
  used for the subject of the sentence (the person or thing doing the action of the verb)

- Accusative (**Akkusativ**)
  used for the direct object of a verb (the person or thing that has the action of the verb done to it)
  >> 4.2
  used after certain prepositions **>> 6.1, 6.3**

- Genitive (**Genitiv**)
  used to indicate possession, 'of' **>> 1.9**
  used after certain prepositions **>> 6.4**

- Dative (**Dativ**)
  used for the indirect object of a verb, 'to' or 'for'
  >> 4.3
  used after certain prepositions **>> 6.2, 6.3**
  used after certain verbs **>> 5.10**

1.5 Endings for definite article

The definite article changes in the following ways:

	m	f	n	pl (all genders)
nom	der	die	das	die
acc	den	die	das	die
gen	des	der	des	der
dat	dem	der	dem	den

acc	*The boy eats the apple.* **Der Junge isst den Apfel.**
gen	*The girl's apple (The apple of the girl)* **Der Apfel des Mädchens.**
dat	*The boy gives the apple to the girl.* **Der Junge gibt dem Mädchen den Apfel.**

>> 7.7

▼ AUFPASSEN!

Note how closely these endings link up with the indefinite and negative article endings below – there's no need to learn them all twice!

1.6 Endings for indefinite article

The indefinite article changes in the following ways:

	m	f	n	pl (all genders)
nom	ein	eine	ein	–
acc	einen	eine	ein	–
gen	eines	einer	eines	–
dat	einem	einer	einem	–

nom	*A boy is eating an apple.* **Ein Junge isst einen Apfel.**
acc	*A boy is eating an apple.* **Ein Junge isst einen Apfel.**
gen	*A girl's apple (The apple of a girl).* **Der Apfel eines Mädchens.**
dat	*The boy gives an apple to a girl.* **Der Junge gibt einem Mädchen einen Apfel.**

1.7 Negative article

In English there is no single word for the negative article. It is translated as 'not a/an', 'no' or 'not any'. In German, it is just like the indefinite article with a 'k' on the beginning, and its plural endings are like those of the definite article. So there's nothing new to learn here!

	m	f	n	pl (all genders)
nom	kein	keine	kein	keine
acc	keinen	keine	kein	keine
gen	keines	keiner	keines	keiner
dat	keinem	keiner	keinem	keinen

nom	*That's not an apple.* **Das ist kein Apfel.**
acc	*I haven't got an apple. (I've got no apple.)* **Ich habe keinen Apfel.**
gen	*No girl's apple. (The apple of no girl.)* **Der Apfel keines Mädchens.**
dat	*He won't give the apple to a girl.* **Er gibt keinem Mädchen den Apfel.**

1.8 Plural forms

Most English nouns just add '-s' to make them plural, but German nouns form their plurals in a variety of ways. There are always going to be exceptions to rules, but here are a few patterns which should help make learning the plurals of German nouns a little easier.

■ Most feminine nouns add **-n** or **-en**:

lamps	*sisters*	*clocks*
Lampen	**Schwestern**	**Uhren**

■ Many foreign words add **-s**:

hotels	*offices*	*cinemas*
Hotels	**Büros**	**Kinos**

■ Most masculine nouns add **-e** and put an **Umlaut** on the main vowel:

chairs	*curtains*	*rivers*
Stühle	**Vorhänge**	**Flüsse**

■ Most neuter nouns add **-er** and put an **Umlaut** on the main vowel:

castles	*books*	*holes*
Schlösser	**Bücher**	**Löcher**

■ Most masculine and neuter nouns ending in **-el**, **-en**, **-er**, **-chen**, **-lein** don't change:

uncles	*shadows*	*teachers*
Onkel	**Schatten**	**Lehrer**
girls	*young ladies*	
Mädchen	**Fräulein**	

■ Some masculine nouns ending in **-el**, **-en**, **-er** just add an **Umlaut**:

fathers	*apples*	*gardens*
Väter	**Äpfel**	**Gärten**

■ Some masculine and neuter nouns add **-e**:

days	*arms*	*legs*	*games*
Tage	**Arme**	**Beine**	**Spiele**

■ A few masculine nouns (known as 'weak' nouns – **schwache Substantive**) add **-n** or **-en**. (Note that they also add this ending in all but the nominative singular):

gentlemen	*boys*
Herren	**Jungen**

In the dative plural, all nouns add an extra **-n** or **-en** to the plural form (unless this already ends in **-n** or **-s**):

to the houses	*to the (female) teachers*
den Häusern	**den Lehrerinnen**
to the offices	
den Büros	

>> S. 145–147

1.9 Genitive forms

In English, the 'apostrophe s' is used to show possession. There is not usually an apostrophe in German. Instead, you have to turn the phrase round:

the girl's apple = the apple of the girl
der Apfel des Mädchens

With people's names you don't have to turn the phrase round, but you still don't normally use an apostrophe. You can use an apostrophe in some cases, for instance as you would in English to make it clear whether something belongs to Andrea or Andreas:

Peter's book	*Andrea's book*	*Andreas' book*
Peters Buch	**Andrea's Buch**	**Andreas' Buch**

In the genitive singular, most masculine and neuter nouns add an extra **-s** or **-es**:

of the car	*of the wood*	*of the hotel*
des Wagens	**des Waldes**	**des Hotels**

2 Adjectives

An adjective is a describing word which tells you something more about a noun. In German, nouns and articles change depending on their position in a sentence. Normally, the adjectives that are attached have to change too. They are said to 'agree'. Here are some of the ways in which they agree.

2.1 Free-standing adjectives

If an adjective stands by itself after a noun, it does not have to agree at all, it never changes:

The book is red.	*The blouse is red.*
Das Buch ist rot.	**Die Bluse ist rot.**

2.2 Adjectives with definite article

If the adjective stands before the noun, it has to agree in three ways:

- gender (masculine, feminine or neuter)
- number (singular or plural)
- case (nominative, accusative, genitive or dative).

It does this by adding certain endings. This is easier than it sounds because the ending is usually -en. Below are the adjective endings used with the definite article:

	m	f	n	pl (all genders)
nom	-e	-e	-e	-en
acc	-en	-e	-e	-en
gen	-en	-en	-en	-en
dat	-en	-en	-en	-en

▼ AUFPASSEN!

The only parts that don't end in -en are all together and all the same (-e):
The lazy man is driving the new car.
Der faule Mann fährt den neuen Wagen.

2.3 Adjectives with indefinite article

Here are the adjective endings used with the indefinite and negative articles:

	m	f	n	pl (all genders)
nom	-er	-e	-es	-en
acc	-en	-e	-es	-en
gen	-en	-en	-en	-en
dat	-en	-en	-en	-en

▼ AUFPASSEN!

There are only three changes from the definite article adjective endings – the masculine nominative, and the neuter nominative and accusative. Not much extra to learn there!
A sporty man is riding a new bike.
Ein sportlicher Mann fährt ein neues Rad.
I've no new ideas. (I haven't got any new ideas.)
Ich habe keine neuen Ideen.

2.4 Adjectives with no article

Sometimes an adjective is just used by itself with a noun (black coffee, clean shoes). The adjective then takes on the endings that the definite article would have had (with a couple of slight modifications in the neuter and in the genitive):

	m	f	n	pl (all genders)
nom	-er	-e	-es	-e
acc	-en	-e	-es	-e
gen	-en	-er	-en	-er
dat	-em	-er	-em	-en

For this group of endings in particular, it is helpful to learn a few useful phrases as a pattern:

Black coffee is tasty.
Schwarzer Kaffee schmeckt gut.
I like German wine.
Ich trinke gern deutschen Wein.
Young people have good ideas.
Junge Leute haben gute Ideen.
People with big houses.
Leute mit großen Häusern.

2.5 Adjectives used as nouns

Just as in English (e.g. the rich, the poor, the dead), it is possible to use adjectives as nouns in German. The important difference is that the adjective must have a capital letter in German, and it has endings as if it were being used as a normal adjective:

The old man was working with the poor.
Der Alte arbeitete mit den Armen.
A good boss has no time for lazy people.
Ein guter Vorgesetzter hat keine Zeit für Faule.

2.6 Comparative adjectives

Adjectives are compared in much the same way as in English, usually by adding -er to the end. If the adjective only has one syllable, you sometimes put an Umlaut on the vowel if you can. In English, longer adjectives have 'more' before them, but you don't need to add this in German – just add -er:

small, smaller	*interesting, more interesting*	*old, older*
klein, kleiner	**interessant, interessanter**	**alt, älter**

There are a few irregular adjectives which do not follow any particular rule. Some are irregular in English, too:

good, better	*much/many, more*	*high, higher*
gut, besser	**viel, mehr**	**hoch, höher**

If 'than' follows the comparison, use **als**:

An elephant is bigger than a mouse.
Ein Elefant ist größer als eine Maus.

▼ AUFPASSEN!

Just add endings to these comparatives as you would to any other adjective. This sometimes means that you have **-erer** at the end of an adjective:
(long, longer) a longer essay.
(lang, länger) ein längerer Aufsatz.
(tasty, tastier) a tastier cake.
(lecker, leckerer) ein leckererer Kuchen.

2.7 Superlative adjectives

To say 'the most' in German, you usually add **-st** or **-est** to the adjective and use it with the correct form of the definite article. Don't forget to put on the appropriate endings: << 2.2, 2.3, 2.4

	m	f	n
nom	der schönste	die schönste	das schönste
acc	den schönsten	die schönste	das schönste
gen	des schönsten	der schönsten	des schönsten
dat	dem schönsten	der schönsten	dem schönsten

	pl (all genders)
nom	die schönsten
acc	die schönsten
gen	der schönsten
dat	den schönsten

the best	*the highest*	*the most*	*the nearest*
der beste	**der höchste**	**der meiste**	**der nächste**

Kölsch is the tastiest beer.
Kölsch ist das leckerste Bier.

Most people drink the cheapest lemonade.
Die meisten Leute trinken die billigste Limonade.

▼ AUFPASSEN!

It is possible to use superlative adjectives as nouns by putting a capital letter on the adjective: << 2.5
The best thing about it is that it costs nothing!
Das Beste daran ist, dass es nichts kostet!

2.8 Possessive adjectives

Possessive adjectives show belonging – they are words like 'my', 'your' etc. Although they are called adjectives they really work like articles. They have exactly the same endings as the negative article and they agree in the same way with the noun that follows. << 1.7

Here are the different forms of 'my':

	m	f	n	pl (all genders)
nom	mein	meine	mein	meine
acc	meinen	meine	mein	meine
gen	meines	meiner	meines	meiner
dat	meinem	meiner	meinem	meinen

Where's my book? It's in my bag with my exercise books.
Wo ist mein Buch? Es ist mit meinen Heften in meiner Tasche.

The other possessive adjectives follow the same pattern of endings as mein, so these endings only need learning once:

your (familiar, sing.)	**dein**
his, its	**sein**
her, its	**ihr**
its	**sein**
our	**unser**
your (familiar, pl.)	**euer**
your (polite, sing. and pl.)	**Ihr**
their	**ihr**

Their country is wasting its resources.
Ihr Land verschwendet seine Ressourcen.
Have you got your money and your tickets?
Habt ihr euer Geld und eure Fahrkarten mit?

▼ AUFPASSEN!

The second 'e' of **euer** is usually missed out when an ending is added. If you use any other adjectives with the possessives, their endings are the same as for those with the indefinite and negative articles. ≪ 2.3

▼ AUFPASSEN!

Watch out for **unser** and **euer** – don't confuse their adjective endings with the **der** group just because they end in **-er**:

Our new teacher is wearing his yellow shirt!
Unser neuer Lehrer trägt sein gelbes Hemd!
Her big cellar is ideal for your next party.
Ihr großer Keller ist ideal für eure nächste Fete.

2.9 Demonstrative and interrogative adjectives

These say (or ask) something more about position. Although they are called adjectives in English they really work like articles. They have exactly the same endings as the definite article ≪ 1.2; any other adjectives used with them have the same group of endings. ≪ 2.2

Here are the different forms of 'this':

	m	f	n	pl (all genders)
nom	dieser	diese	dieses	diese
acc	diesen	diese	dieses	diese
gen	dieses	dieser	dieses	dieser
dat	diesem	dieser	diesem	diesen

These words follow exactly the same pattern:
that   **jener** (rarely used nowadays)
every   **jeder**
which? **welcher?**

Which route shall we take? This narrow path or that steep road?
Welche Route nehmen wir? Diesen engen Weg oder jene steile Straße?

With every new project we have these stupid problems.
Mit jeder neuen Initiative hat man diese blöden Probleme.

3 Adverbs

An adverb is a describing word which tells you more about when, how or where something happened. In English, they often end in '-ly'. Sometimes a phrase is used rather than just one word. In German, adverbs usually come in a certain order. ≫ 7.6

3.1 Formation

Almost all German adverbs are exactly the same as the corresponding adjective. No endings are needed:

The car is slow (adj.)   **Der Wagen ist langsam** (adj.)
He drives slowly (adv.)   **Er fährt langsam** (adv.)
She works well (adv.)   **Sie arbeitet gut** (adv.)

3.2 Comparative and superlative adverbs

Comparative adverbs are just the same as comparative adjectives, with the same irregularities. In English they usually have the form 'more -ly' or end in '-(li)er': ≪ 2.6

Buses travel more slowly (slower) than trains.
Busse fahren langsamer als Züge.

Superlative adverbs are formed by using **am** with **-(e)sten** on the end of the adjective. There are a few irregulars: ≪ 2.7

better, best	**besser, am besten**
higher, highest	**höher, am höchsten**
more, most	**mehr, am meisten**
nearer, nearest	**näher, am nächsten**

Boats travel slowest (most slowly).
Schiffe fahren am langsamsten.

They are shouting loudest.
Sie schreien am lautesten.

3.3 Gern

You can use the adverb **gern** to show that you like doing something. The comparative and superlative are irregular. Here are some examples:

She likes (eating) apples, but she prefers (eating) pears and she likes (eating) bananas best of all.
Sie isst *gern* Äpfel, aber sie isst *lieber* Birnen und *am liebsten* isst sie Bananen.

4 Pronouns

A pronoun is a word which replaces a noun that has already been used.

Thomas is my friend. He is staying with me.
Thomas ist mein Freund. Er wohnt bei mir.

The form the pronouns take depends, like articles and adjectives, on three things:
- gender (masculine, feminine or neuter)
- number (singular or plural)
- case (nominative, accusative, genitive or dative).

4.1 Subject pronouns

These are in the nominative case and are used as the subject of a verb: << 1.4 >> 4.5

I	ich
you (familiar, sing.)	du
he, it	er
she, it	sie
it	es
we	wir
you (familiar, pl.)	ihr
you (polite, sing. and pl.)	Sie
they	sie

What are Helga and I doing? We are going out.
Do you want to come?
Was machen Helga und ich? Wir gehen aus.
Wollt ihr mitkommen?

▼ AUFPASSEN!

In English, the pronoun 'it' refers to any noun that is not male or female. In German, all nouns have a gender, whether or not they are a male or female person or animal, so the pronoun must match that gender:

the car – it is red
der Wagen – er ist rot
the government – it is in Berlin
die Regierung – sie sitzt in Berlin
the girl – she was naughty
das Mädchen – es war unartig

4.2 Direct object pronouns

These are in the accusative case and are used as the direct object of a verb: << 1.4

me	mich
you (familiar, sing.)	dich
him, it	ihn
her, it	sie
it	es
us	uns
you (familiar, pl.)	euch
you (polite, sing. and pl.)	Sie
them	sie

We're visiting him.   *She saw me.*
Wir besuchen ihn.   **Sie hat mich gesehen.**

The same pronouns are used after certain prepositions: >> 6.1, 6.3

Here's a present for you.
Hier ist ein Geschenk für Sie.

4.3 Indirect object pronouns

These are in the dative case and are used as the indirect object of a verb: << 1.4

to me	mir
you (familiar, sing.)	dir
to him, to it	ihm
to her, to it	ihr
to it	ihm
to us	uns
to you (familiar, pl.)	euch
to you (polite, sing. and pl.)	Ihnen
to them	ihnen

Will you give me a piece? **Gibst du mir ein Stück?**
I'm sending him a letter. **Ich schicke ihm einen Brief.**

The same pronouns are used after certain prepositions and with some verbs: >> 6.2, 6.3, 5.10 << 1.4

The first day of school is a special day for us.
Der erste Schultag ist bei uns ein ganz besonderer Tag.

I like the subject.
Das Fach gefällt mir.

In English, we often miss out the word 'to', so the indirect object can be hard to spot. If you appear to have two objects in a sentence, try putting 'to' in front of each one to find out which is in the dative.

If you have two object pronouns together, the direct one comes before the indirect one in German. >> 7.7

She gives him it (the apple). (him = 'to him')
Sie gibt ihn (den Apfel) ihm.

4.4 Relative pronouns

Sentences are often divided into sections or 'clauses'. Each separate clause has its own verb and structure (e.g. subject, object etc.). However, if a subject or object is exactly the same in the second clause as in the first, you can avoid repetition by using a relative pronoun:

The girl did the test. The test was very hard.
Das Mädchen schrieb die Arbeit. Die Arbeit war sehr schwer.

The girl did the test which was very hard.
Das Mädchen schrieb die Arbeit, die sehr schwer war.

The relative pronoun is 'which'. In English, it can also sometimes be 'who' or 'that'.

In German, the relative pronouns are exactly the same as the definite articles, except for the genitive (which isn't used much) and the dative plural:

	m	f	n	pl (all genders)
nom	der	die	das	die
acc	den	die	das	die
gen	dessen	deren	dessen	deren
dat	dem	der	dem	denen

The relative pronoun matches the noun it replaces in gender and number, but it might be in a different case, depending on the part it plays in the second clause. If you're not sure of the case, try forming the second clause as a separate sentence and check what part the noun/pronoun plays in it:

We saw the large bird which was in the tree.
(The bird (nom.) was in the tree.)
Wir sahen den großen Vogel, der im Baum war.

The boy who was ill couldn't come with us.
(The boy (nom.) was ill.)
Der Junge, der krank war, konnte nicht mit.

The boy who(m)/that we saw yesterday is ill.
(We saw the boy (acc.) yesterday.)
Der Junge, den wir gestern gesehen haben, ist krank.

That's the ball with which we were playing.
(We were playing with the ball (mit + dative)
Das ist der Ball, mit dem wir spielten.

In German, you have to separate the clauses with commas. In a relative clause, the verb goes at the end. >> 7.3. Sometimes, especially in spoken English, we miss out the relative pronoun entirely. It must be kept in the German.

That's the ball we were playing with.
Das ist der Ball, mit dem wir spielten.

4.5 Man

The pronoun **man** is used to make generalised statements about people. The English equivalent is 'one', but **man** is used much more often in German to mean 'you', 'they' or 'people in general': >> 5.8

You can really relax here.
Hier kann man sich gut ausruhen.

They sell bread in the village.
Man verkauft Brot im Dorf.

The form **man** is very common, but it is only used in the nominative case. Use **einen** in the accusative and **einem** in the dative. The reflexive form is **sich** >> 5.3d. and to show possession use **sein:** << 2.8

A hot bath does you good – you relax.
Ein heißes Bad tut einem wohl: man ruht sich aus.

You each have your own room there – nobody can disturb you.
Da hat man sein eigenes Zimmer; keiner kann einen stören.

4.6 Jemand/Niemand

The words **jemand** (someone) and **niemand** (no-one) usually change in the accusative and dative, but this isn't compulsory:

acc	jemanden	niemanden
dat	jemandem	niemandem

Somebody saw me.
Jemand hat mich gesehen.
I saw nobody and spoke to nobody.
Ich habe niemanden gesehen und mit niemandem gesprochen.

5 Verbs

Verbs describe the action, state of being or situation in a sentence or clause. They change according to several factors, but the three most important are:

- the tense (which is just another word for 'time', i.e. past, present or future)
- the 'person' of the subject (I, we = 1st person; you = 2nd person, he, she, it, they = 3rd person)
- whether the subject is singular or plural

The changing of verbs is referred to as 'conjugating'.

▼ AUFPASSEN!

There are two classes of verb in German: 'weak' verbs and 'strong' verbs. Weak verbs have the imperfect ending in **-te** >> 5.4a. and the past participle ending in **-t** >> 5.3a. Strong verbs change the vowel of the stem to form the imperfect and the endings are different from weak verbs >> 5.4b.; the past participle usually has a vowel change in the stem and it ends in **-en** >> 5.3b. A small number of verbs are known as 'mixed' or 'irregular' verbs >> 5.4c. They have the weak endings but they also change the vowel of the stem in the imperfect and the past participle.

Weak verbs are far more numerous but many of the most common verbs are strong. There is no way of telling from the infinitive whether a verb is weak or strong, but in section 8 you will find a list of common strong and irregular verbs. >> 8

5.1 Infinitive

This is the basic form of the verb. It is not tied to any particular time (tense), it is not 'finite'. If you look a verb up in a dictionary, you will be given the infinitive. In English, all infinitives begin with 'to'; in German they almost all end in **-en** (a few just in **-n**): >> 7.8

to eat	*to read*	*to see*	*to sail*
essen	lesen	sehen	segeln

5.2 Present tense

The present tense describes what is happening now or what happens regularly.

a. Weak verbs

To form the present tense, remove the **-en** (or **-n**) from the infinitive (this gives you the 'stem'). Then add the present tense endings – make sure you learn these endings because they apply to almost every German verb (and not just in the present tense):

	singular	plural
1st person	-e	-en
2nd person (familiar)	-st	-t
(polite)	-en	-en
3rd person	-t	-en

to buy	kaufen
I buy	ich kaufe
you (fam.) buy	du kaufst
he/she buys	er/sie kauft
we buy	wir kaufen
you (fam. pl.) buy	ihr kauft
you (polite)/they buy	Sie/sie kaufen

▼ AUFPASSEN!

Verbs which have 'e', 'd' or 't' at or near the end of the stem have to have some forms slightly changed so they can be pronounced more easily:
arbeiten (du arbeitest, er/sie/es arbeitet, ihr arbeitet)
finden (du findest, er/sie/es findet, ihr findet)
sammeln (ich sammle) ('e' missed out)

b. Strong verbs

A large number of German verbs are slightly irregular – not in the endings, but in the stem. However, this irregularity only occurs in the 2nd and 3rd person singular (**du** and **er/sie/es** forms) and there are some patterns to help you. Here are some of the common ones. Remember, no other parts of the present tense of these verbs are irregular:

to see	-e- to -ie- sehen: du siehst, er/sie/es sieht
to take *to become*	-e- to -i- nehmen: du nimmst, er/sie/es nimmt werden: du wirst, er wird >> 5.5, 5.8
to go	-a- to -ä- fahren: du fährst, er/sie/es fährt
to run	-au- to -äu- laufen: du läufst, er/sie/es läuft

See the verb table for further examples. They are easy to spot because the 3rd person singular is always given.

c. sein and haben

The verbs **haben** (*to have*) and **sein** (*to be*) are the most widely used verbs – they are also two of the most irregular!

to be	sein
I am	ich bin
you are	du bist
he/she/it is	er/sie/es ist
we are	wir sind
you are	ihr seid
you/they are	Sie/sie sind

to have	haben
I have	ich habe
you have	du hast
he/she/it has	er/sie/es hat
we have	wir haben
you have	ihr habt
you/they have	Sie/sie haben

▼ AUFPASSEN!

In English, 'to be' is used to express hunger and thirst, but in German you usually say 'I have hunger' etc.

| *I'm (really) hungry.* | **Ich habe (großen) Hunger** |
| *I'm (not) thirsty.* | **Ich habe (keinen) Durst.** |

The verb **sein** is unlike most other verbs in that it is not followed by an object or the accusative. Any noun following **sein** should be in the nominative case:

| *Henry has a dog.* | **Henry hat einen Hund.** |
| *Henry is a dog.* | **Henry ist ein Hund.** |

▼ AUFPASSEN!

Be careful with your spelling and the use of the accusative – look at these examples!

| *Henry is a dog.* | **Henry ist ein Hund.** |
| *Henry eats a dog.* | **Henry isst einen Hund.** |

▼ AUFPASSEN!

Both **haben** and **sein** are important not only in their own right, but also for forming the perfect tense.

d. Reflexive verbs

Reflexive verbs usually involve actions you do to yourself:

| *I wash myself.* | **Ich wasche mich.** |
| *I have a shower.* | **Ich dusche mich.** |

They are used with a set of pronouns which are similar but not identical to the direct object pronouns. << 4.2

I wash myself	**ich wasche mich**
you wash yourself	**du wäschst dich**
he/she/it washes *himself/herself/itself*	**er/sie/es wäscht sich**
we wash ourselves	**wir waschen uns**
you wash yourselves	**ihr wascht euch**
you/they wash *yourselves/themselves*	**Sie/sie waschen sich**

As you can see, only the 3rd person and the polite form are different.

If a reflexive verb has a direct object in the accusative, the reflexive pronoun must be in the dative – **mich** and **dich** become **mir** and **dir**. The rest stay the same:

I clean my teeth	ich putze mir die Zähne
you clean your teeth	du putzt dir die Zähne
he/she/it cleans	
his/her/its teeth	er/sie/es putzt sich die Zähne
we clean our teeth	wir putzen uns die Zähne
you clean your teeth	ihr putzt euch die Zähne
you/they clean	
your/their teeth	Sie/sie putzen sich die Zähne

e. Separable verbs

A large group of German verbs are made up of two separable parts. In the infinitive they are normally given as one verb:

to watch television	**fernsehen**
to open	**aufmachen**

When these verbs are conjugated, the initial part (the separable prefix) goes to the end of the clause: **>>** 7.3

I'm watching television in the lounge.
Ich sehe im Wohnzimmer fern.

He opens the door.
Er macht die Tür auf.

▼AUFPASSEN!

It is possible for a verb to be strong, reflexive and separable!
to let oneself in for something
sich auf etwas einlassen
I'm letting myself in for it.
ich lasse mich darauf ein.
you're letting yourself in for it.
du lässt dich darauf ein.
Most of the separable prefixes exist as words on their own, usually as prepositions, and their meanings are very varied. In the study skills section of this book you will find a list of common separable prefixes and their basic meanings. **<<** S. 142

f. Modal verbs

There are six irregular verbs which are known as 'modal' verbs (**wollen, müssen, können, dürfen, sollen, mögen**). These cannot normally be used by themselves – they need another verb to complete their meaning. This second verb is always in the infinitive and it normally goes at the end of the clause. **>>** 7.8

They are only irregular in the singular, and the first and third persons are the same:

wollen (*to want to*)

ich will	wir wollen
du willst	ihr wollt
er/sie/es will	Sie/sie wollen

müssen (*to have to, must*)

ich muss	wir müssen
du musst	ihr müsst
er/sie/es muss	Sie/sie müssen

können (*to be able to*)

ich kann	wir können
du kannst	ihr könnt
er/sie/es kann	Sie/sie können

dürfen (*to be allowed to*)

ich darf	wir dürfen
du darfst	ihr dürft
er/sie/es darf	Sie/sie dürfen

sollen (*to be supposed to*)

ich soll	wir sollen
du sollst	ihr sollt
er/sie/es soll	Sie/sie sollen

mögen (*to like to*)

ich mag	wir mögen
du magst	ihr mögt
er/sie/es mag	Sie/sie mögen

The children can dance well.
Die Kinder können gut tanzen.

We must be home by 10.00.
Wir müssen bis 10 Uhr zu Hause sein.

Are you supposed to do that?
Sollst du das tun?

▼ AUFPASSEN!

Modal verbs usually have an infinitive to complete their meaning. However, if the context makes it obvious what that infinitive should be, it can be missed out: >> 5.3f.

She's good at (speaking) German.
Sie kann gut Deutsch (sprechen).
(In a classroom situation) I need (to go to) the toilet.
Ich muss auf die Toilette (gehen).

5.3 Perfect tense

The perfect tense is the form of the past tense most commonly used in spoken German. It is easily recognisable because it is made up of two parts:

an auxiliary (Hilfsverb)	a past participle (Partizip Perfekt)
I have	*asked*
ich habe	**gefragt**
I have	*gone*
ich bin	**gefahren**

For the conjugation of **haben** and **sein** (the auxiliaries) look back at the present tense. << 5.2c.

a. Weak verbs

Most weak verbs have **haben** as their auxiliary. To form the past participle of weak verbs:
- remove the **-en** (or **-n**) from the infinitive
- add **-t** (or sometimes **-et**) to the end
- add **ge-** to the beginning

infinitive	*to do*	**machen**
stem		**mach-**
past participle		**gemacht**

| *she has done* | **sie hat gemacht** |
| *we have done* | **wir haben gemacht** |

b. Strong verbs

Most strong verbs have **haben** as their auxiliary, but a significant number have **sein**.

The past participle of strong verbs also begins with **ge-** but it ends in **-en**. Sometimes there is a stem change in the middle:

infinitive	*to see*	**sehen**
past participle		**gesehen**
infinitive	*to go*	**gehen**
past participle		**gegangen**

| *you have seen* | **du hast gesehen** |
| *they have gone* | **sie sind gegangen** |

There are some patterns to the stem changes, but the best way is to learn the most common ones along with their infinitive. You can check them in the verb table. >> 8

▼ AUFPASSEN!

The past participle usually goes at the end of the clause. >> 7.3
She (has) worked in a hospital.
Sie hat in einem Krankenhaus gearbeitet.
He has gone to Munich today.
Er ist heute nach München gefahren.

▼ AUFPASSEN!

If the verb has an inseparable prefix >> 5.3e or if it ends in **-ieren**, you don't add **ge-** to the past participle:
I visited Berlin.
Ich habe Berlin besucht.
He didn't understand the question.
Er hat die Frage nicht verstanden.
They phoned last night.
Sie haben gestern Abend telefoniert.

c. haben or sein?

Most verbs that have **sein** as their auxiliary show a change of place or state. Most of the rest have **haben**. The verb table indicates which verbs take **sein**. Look up these verbs in the table: >> 8

kommen, gehen, fahren, bleiben, laufen, schwimmen, sterben

Some verbs can take either **haben** or **sein**. If they have a direct object (these are 'transitive' verbs), they take **haben**, otherwise they take **sein** (these are known as 'intransitive' verbs). Two of the most common ones are **fahren** and **ziehen** and their compounds. Others are marked in the verb table. **>> 8**

> *He drove the car.*
> **Er hat den Wagen gefahren.**
>
> *He went to Hamburg.*
> **Er ist nach Hamburg gefahren.**
>
> *The horse pulled the cart.*
> **Das Pferd hat den Wagen gezogen.**
>
> *They have moved to Munich.*
> **Sie sind nach München umgezogen.**

d. Reflexive verbs

These are quite straightforward in the perfect tense. Just remember to put the reflexive pronoun after the auxiliary:

> *I had a shower an hour ago.*
> **Ich habe mich vor einer Stunde geduscht.**

e. Separable and inseparable verbs

The only thing to remember about separable verbs in the perfect tense is that the prefix goes before the **ge-** part of the past participle:

> *He opened the door.*
> **Er hat die Tür aufgemacht.**
>
> *She arrived yesterday.*
> **Sie ist gestern angekommen.**

The past participle of inseparable verbs does not add **ge-**. **<< 5.3b.**

> **▼ AUFPASSEN!**
>
> There are eight inseparable prefixes:
> **be-, emp-, ent-, er-, ge-, miss-, ver-, zer-**
> In addition there are some prefixes which may be separable or inseparable. If you hear these verbs spoken, the separable prefix is stressed but the inseparable one is never stressed:
> *(to move house) They moved to Berlin.*
> **(umziehen) Sie sind nach Berlin *um*gezogen.**
> *(to surround) The soldiers surrounded the village.*
> **(umziehen) Die Soldaten haben das Dorf um*zo*gen.**

f. Modal verbs

If you use the perfect tense of a modal without an infinitive, the past participle has the regular **ge...t** form. This is usually in a few set phrases: **<< 5.2f.**

They had to (do it).	**Sie haben es gemusst.**
I have been able to (do it).	**Ich habe es gekonnt.**

If you use the perfect tense of a modal verb with an infinitive, the past participle has exactly the same form as its infinitive. This means that there appear to be two infinitives at the end of the clause:

> *He wanted to set off on time.*
> **Er hat rechtzeitig abfahren wollen.**
>
> *We had to do the test again.*
> **Wir haben die Arbeit noch einmal machen müssen.**

This use of the past participle of modal verbs is fairly rare – the imperfect is much more common. **>> 5.4d.**

5.4 Imperfect tense

The imperfect is the main form of the past tense in written German. It is also used to describe a state or continuous action in the past or to say what happened regularly.

a. Weak verbs

To form the imperfect of weak verbs, remove **-en** or **-n** from the infinitive and add these endings:

	singular	plural
1st person	-te	-ten
2nd person (familiar)	-test	-tet
(polite)	-ten	-ten
3rd person	-te	-ten

to live	**wohnen**
I lived	**ich wohnte**
you (fam.) lived	**du wohntest**
he/she lived	**er/sie wohnte**
we lived	**wir wohnten**
you (fam. pl.) lived	**ihr wohntet**
you (polite)/they lived	**Sie/sie wohnten**

> *He played football every Saturday.*
> **Er spielte jeden Samstag Fußball.**

▼ AUFPASSEN!

Verbs with a stem which ends in 'd' or 't' need to add an extra -e- throughout:

arbeiten (ich arbeitete, du arbeitetest, er/sie/es arbeitete, wir arbeiteten, ihr arbeitetet, Sie arbeiteten)

sich bilden (ich bildete mich, du bildetest dich, er/sie/es bildete sich etc.)

b. Strong verbs

The imperfect of strong verbs involves a change in the stem and a slightly different set of endings. (The endings are just the same as those for the present tense of modal verbs. ≪ 5.2f.) The stem change is the same throughout the verb, and there are about ten different patterns to this change. Look at the verb table. ≫ 8

	singular	plural
1st person	–	-en
2nd person (familiar)	-st	-t
(polite)	-en	-en
3rd person	–	-en

to go	fahren
I went	ich fuhr
you (fam.) went	du fuhrst
he/she went	er/sie fuhr
we went	wir fuhren
you (fam. pl.) went	ihr fuhrt
you (polite)/they went	Sie/sie fuhren

He walked to school.	**Er ging zu Fuß zur Schule.**
He was tired.	**Er war müde.**
They stayed at home.	**Sie blieben zu Hause.**

c. Mixed or irregular verbs

Some verbs in the imperfect have the weak verb endings but with a stem change (like strong verbs). Here are some of them – **haben** is one to learn thoroughly:

to have – I had	**haben – ich hatte**
to bring – I brought	**bringen – ich brachte**
to think – I thought	**denken – ich dachte**
to know – I knew	**kennen – ich kannte**

to burn – I burned	**brennen – ich brannte**
to name – I named	**nennen – ich nannte**

Compounds of these verbs follow the same pattern (**verbringen, erkennen** etc.):

We spent ten days in Paris.
Wir verbrachten zehn Tage in Paris.

d. Modal verbs

These also follow the pattern of mixed verbs in the imperfect – the stem changes (except for **wollen** and **sollen**), but the endings are regular:

to have to – I had to	**müssen – ich musste**
to be able to – I could	**können – ich konnte**
to be allowed to – I was allowed to	**dürfen – ich durfte**
to like (to) – I liked (to)	**mögen – ich mochte**
to want to – I wanted to	**wollen – ich wollte**
to be supposed to – I was supposed to	**sollen – ich sollte**

They wanted to go out, but they had to stay in.
Sie wollten ausgehen, aber sie mussten zu Hause bleiben.

5.5 Future tense

There are two main ways of expressing the future:

■ for immediate plans, simply use the present, just as we do in English:

I'm going to the cinema this evening.
Heute Abend gehe ich ins Kino.

■ for more distant plans, use the present tense of **werden** with an infinitive. The verb **werden** is irregular, so it changes in the 2nd and 3rd persons singular: ≪ 5.2b.

ich werde	**wir werden**
du wirst	**ihr werdet**
er/sie/es wird	**Sie/sie werden**

Remember: the infinitive usually goes at the end of the clause. ≫ 7.8

She will swim in the sea every day.
Sie wird jeden Tag im Meer schwimmen.

They will not remember us.
Sie werden sich nicht an uns erinnern.

Notice where the reflexive pronoun is – straight after **werden** and not with **erinnern**.

5.6 Imperative

The imperative form is for commands and instructions. It is similar to the 2nd person singular and plural of the present tense, but without the subject pronoun and without the **-st** in the singular. << 5.2a., 5.2b. >> 8
An exclamation mark is often added:

Come here! (sing.)	**Komm her!**
Sleep well! (pl.)	**Schlaft gut!**
Go into town! (polite)	**Gehen Sie in die Stadt!**

There are not many exceptions to this rule, but **sein** is one of them!

Be quiet! (fam.)	**Sei ruhig!**
Don't be too noisy! (polite)	**Seien Sie nicht zu laut!**

There are several common reflexive and separable forms:

Get dressed! (fam.)	**Zieh dich an!**
Sit down! (fam. pl.)	**Setzt euch!**
Please close the door! (polite)	**Machen Sie bitte die Tür zu!**

5.7 Pluperfect

This is exactly the same as the perfect tense except that the auxiliary (**haben** or **sein**) is in the imperfect tense (not the present). This puts everything further back into the past:

Before she came here, she had worked in Italy.
Bevor sie hierher kam, hatte sie in Italien gearbeitet.

They had already done their homework, so they went out.
Sie hatten ihre Hausaufgaben schon gemacht, also gingen sie aus.

5.8 Passive

In most clauses, the subject does the action of the verb, e.g. 'the girl ate the apple' ('the girl' is the subject). Sometimes the clause can be turned round so the subject has something done to it, e.g. 'the apple was eaten by the girl' (this time 'the apple' is the subject). This can be done in all the tenses ('is eaten', 'was eaten', 'will be eaten' etc.). It is known as the passive.

The passive is made up of two parts, rather like the perfect tense: an auxiliary and a past participle. In German, the auxiliary is **werden** << 5.2b., and the past participle is exactly the same as for the perfect tense. << 5.3a., 5.3b.

The passive is most commonly used in the third person, so all you need to do is learn the third person singular and plural of **werden** in the main tenses.

(present)
German is spoken in Austria.
Deutsch wird in Österreich gesprochen.
Four languages are spoken in Switzerland.
Vier Sprachen werden in der Schweiz gesprochen.

(imperfect)
This house was built by apprentices.
Dieses Haus wurde von Lehrlingen gebaut.
The cakes were quickly eaten up.
Die Kuchen wurden schnell aufgegessen.

(perfect)
The meal has already been paid for.
Das Essen ist schon bezahlt worden.
The letters have all been written.
Die Briefe sind alle geschrieben worden.

(future)
It will not be discovered.
Es wird nicht entdeckt werden.
They will not be sent away.
Sie werden nicht abgeschickt werden.

It is better to avoid the passive and make the clause 'active'. You can use **man** to do this. << 4.5

It isn't done.	*He was seen straight away.*
Das macht man nicht.	**Man sah ihn sofort.**

5.9 Subjunctive

The subjunctive is not used much in English nowadays, although it does remain in certain phrases (e.g. 'if I were you', 'I propose that she be elected', 'heaven forbid'). In German, it is more common: its main uses are in the conditional and in indirect speech. >> 5.9a., 5.9b.

There are two main tenses in the subjunctive, the present and the imperfect. They are both very similar to the normal present and imperfect tenses (the indicative): just add these endings to the present or imperfect stem: << 5.2a.–5.2f., 5.4a.–5.4d.

ich	-e	wir	-en
du	-est	ihr	-et
er/sie/es	-e	Sie/sie	-en

Note:

- you don't need to change the stem of strong verbs in the 2nd/3rd person singular of the present tense;
- weak verbs are exactly the same in the indicative and the subjunctive;
- you often add an extra **Umlaut** to the imperfect stem of strong verbs.

Here is the verb **fahren** in full:

present subjunctive

ich fahre	wir fahren
du fahrest	ihr fahret
er/sie/es fahre	Sie/sie fahren

imperfect subjunctive

ich führe	wir führen
du führest	ihr führet
er/sie/es führe	Sie/sie führen

Because it is very irregular but fairly common, here is the verb **sein** in full:

present subjunctive

ich sei	wir seien
du seiest	ihr seiet
er/sie/es sei	Sie/sie seien

imperfect subjunctive

ich wäre	wir wären
du wärest	ihr wäret
er/sie/es wäre	Sie/sie wären

a. Conditional

The conditional means 'would' and is usually linked to an 'if' clause (the condition). Use **würde** and an infinitive to express 'would'. Here are the appropriate forms (this is in fact the imperfect subjunctive of **werden**):

ich würde	wir würden
du würdest	ihr würdet
er/sie/es würde	Sie/sie würden

We would be very pleased to see you in the summer.
Wir würden uns sehr freuen euch im Sommer zu sehen.
I would go to the cinema if I had some money.
Ich würde ins Kino gehen, wenn ich Geld hätte.

Sometimes the imperfect subjunctive is used instead of the conditional:

I would be grateful if …
Ich *würde* dankbar *sein*, wenn …
or: **Ich *wäre* dankbar, *wenn* …**

This is particularly common when you have an auxiliary in the conditional:

She would have done that.
Sie *hätte* das gemacht.
(**Sie *würde* das gemacht *haben*.**)
They would have gone if …
Sie *wären* gegangen, wenn …
(**Sie *würden* gegangen *sein*)**

The 'if' clause is introduced by **wenn**. The verb in the **wenn** clause is usually in the imperfect subjunctive:

If she wrote (were to write) to him today, he would get the letter tomorrow.
Wenn sie ihm heute schriebe, würde er den Brief morgen bekommen (bekäme er den Brief morgen).

I would be very grateful if you could send me the following information.
Ich wäre Ihnen sehr dankbar, wenn Sie mir folgende Informationen schicken könnten.

b. Indirect speech

If you report what someone said, this is known as reported or indirect speech, e.g. 'she said she was ill', 'he replied that he had not read it'. In German, you need to use the subjunctive for the indirect speech. The tense of the subjunctive is the same as the tense of the original ('direct') speech:

direct	indirect
present „Ich bin krank."	present subjunctive Sie sagte, sie sei krank.
imperfect „Ich war krank."	imperfect subjunctive Sie sagte, sie wäre krank.
perfect „Ich bin krank gewesen."	perfect subjunctive Sie sagte, sie sei krank gewesen.
future „Ich werde krank sein."	conditional (or future subjunctive) Sie sagte, sie würde (werde) krank sein.

▼ AUFPASSEN!

You can add the word **dass**, in which case the subjunctive verb must be moved to the end of the clause: **>> 7.3**
She said (that) she was ill.
Sie sagte, dass sie krank sei.

5.10 Verbs with the dative

A small number of verbs are followed by the dative case when you might expect it to be the accusative (for a direct object). The most common ones are:

to thank	**danken**	
to help	**helfen**	
to follow	**folgen**	**<< 1.4, 4.3**

I thanked them for their hospitality.
Ich dankte ihnen für ihre Gastfreundlichkeit.

She is helping her boyfriend.
Sie hilft ihrem Freund.

They followed me into the hotel.
Sie haben mir ins Hotel gefolgt.

6 Prepositions

Prepositions are words which give us information about the position of nouns and pronouns. In German they alter the case of the noun they are with (they 'govern' it). Those governing the accusative and the dative cases are the most common and need learning carefully.

6.1 Prepositions with the accusative

These prepositions govern the accusative case:

until	**bis**
through	**durch**
for	**für**
against (versus)	**gegen**
without	**ohne**
around	**um**
against (contrary to)	**wider**
along	**entlang**

They went round the corner, through the wood and then along the river.
Sie gingen um die Ecke, durch den Wald und dann den Fluss entlang.

We're playing against the best team. He's leaning against the door.
Wir spielen gegen die beste Mannschaft. Er lehnt sich gegen die Tür.

She did it against my will.
Sie hat es wider meinen Willen gemacht.

▼ AUFPASSEN!

Try to learn these as an alphabetical list, or you might use a mnemonic to help you ('few do bug' or 'dog be wuf' perhaps!).
entlang is at the end of the list to remind you that it goes *after* the noun.

6.2 Prepositions with the dative

These prepositions take the dative case:

out of	**aus**
except for	**außer**
'at the house/place of'	**bei**
with	**mit**
to, after	**nach**
since, for	**seit**
from, of, by	**von**
to, at	**zu**
opposite	**gegenüber**

He has been working for a big company for a year.
Er arbeitet seit einem Jahr bei einer großen Firma.

Are you coming to the concert with me?
Kommst du mit mir zum Konzert?

▼ AUFPASSEN!

- Try to learn these as an alphabetical list, or you might like to make up a mnemonic to help you. **Gegenüber** is at the end of the list to remind you that it sometimes goes *after* the noun, although nowadays it tends to go before.
- It is impossible to put one translation that covers all the meanings of each word because some phrases use a completely different preposition in English. Some of the alternatives are given above, but you should use a dictionary and learn phrases as they occur.
- **zu dem** and **zu der** are aften shortened to **zum** and **zur**. Similarly, **von dem** becomes **vom**.
- Don't confuse **seit** with **seitdem**. They both mean 'since', but **seit** is a preposition and should be used with a noun; **seitdem** is a conjunction, joining two clauses. **>>** 7.5b.

I've been sitting here since my arrival.
Ich sitze seit meiner Ankunft hier.

I've been sitting here since I arrived.
Ich sitze hier, seitdem ich angekommen bin.

6.3 Prepositions with accusative or dative

These prepositions govern either the accusative or the dative:

at, on(to)	**an**
on(to)	**auf**
behind	**hinter**
in(to)	**in**
next to, near	**neben**
over	**über**
under	**unter**
in front of, before	**vor**
between	**zwischen**

They take the **accusative** if there is a change of place or state. This usually means that some motion is involved. In the sentence 'I put the book on the table', the book has changed place from my hand to the table, so the accusative is used:

I put the book on the table.
Ich legte das Buch auf den Tisch.

They take the **dative** if there is no change of place or state. This usually means that there is no motion involved:

The book was on the table.
Das Buch lag auf dem Tisch.

Do not assume that whenever there is motion you have to use the dative. Compare these two examples – the key idea is change of place:

They were running in the stadium.
Sie liefen in dem Stadion.

They ran into the stadium.
Sie liefen in das Stadion.

▼ AUFPASSEN!

- Try to learn these as an alphabetical list, or learn them in groups (**in, an, auf – über, unter – hinter, vor – neben, zwischen**)
- **in dem** and **in das** can be shortened to **im** and **ins**. Similarly, **an dem** and **an das** become **am** and **ans**.

6.4 Prepositions with the genitive

These prepositions govern the genitive. They are much less common, so learn a few of them in set phrases as they occur.

despite	**trotz**
during	**während**
because of	**wegen**
instead of	**(an)statt**
(on the) outside (of)	**außerhalb**
(on the) inside (of)	**innerhalb**
above	**oberhalb**
below	**unterhalb**
this side of	**diesseits**
beyond	**jenseits**

during the war	**während des Krieges**
despite the rain	**trotz des Regens**
because of a cold	**wegen einer Erkältung**
outside the town	**außerhalb der Stadt**

▼ AUFPASSEN!

You will sometimes see or hear **trotz** and **wegen** used with the dative. Although this is not strictly correct, it is quite common.

7 Word order

There are several aspects of word order in German which are quite different from English. However, once you have mastered these patterns, they are logical and do not often vary from the rules. It is important not to think in English and then translate into German. Get into the habit of thinking in German and the sentence patterns should become easier.

7.1 Main and subordinate clauses

A clause is part of a sentence which has a verb in it.

A main clause is one that can stand by itself and doesn't need anything else for it to make sense. 'I live in a house' is a main clause.

A subordinate clause adds some further meaning to a main clause. You might want to say more about the house you live in: 'I live in a house which was built in

1934'. The subordinate clause 'which was built in 1934' doesn't make sense by itself (it could refer to all sorts of things, not just the house). Another example would be to say why you live in a house: '… because it's better than a tent'.

7.2 Main clause

In a German *main clause* the verb is always the second concept or idea. The verb is not necessarily the second *word* in the sentence, because the first part of the sentence may be a phrase consisting of several words. The order of words is usually: subject – verb – rest of sentence:

She read the whole book.
Sie las das ganze Buch.

My little sister read the whole book.
Meine kleine Schwester las das ganze Buch.

Sometimes you want to put something other than the subject at the beginning. This is often a time phrase or some other adverb or adverbial phrase. **<<** 3.1, 3.2. The verb still remains in second place, and the subject goes immediately after it (it is 'inverted')

Yesterday my little sister read a whole book.
Gestern las meine kleine Schwester ein ganzes Buch.

You may even have a whole clause at the beginning of the sentence. Still the main verb remains in second place, followed by the subject. The verb is usually separated from the first part (the subordinate clause) by a comma: **>>** 7.5b.

As she had nothing else to do, my little sister read a whole book.
Da sie nichts anderes zu tun hatte, las meine kleine Schwester ein ganzes Buch.

If there are two verbs in a main clause, the second one is in the infinitive and it goes at the end of the clause. The first verb follows the 'verb second' rule. This is most common with modal verbs and in the future tense: **<<** 5.2f., 5.5 **>>** 7.8

She can now read a whole book. Later I will buy her a new book.
Sie kann jetzt ein ganzes Buch lesen. Später werde ich ihr ein neues Buch kaufen.

7.3 Subordinate clause

In a German *subordinate clause* the verb is always at the *end* of the clause:

> *He's not there tomorrow.*
> **Er *ist* morgen nicht da.**
>
> *I know that he's not there tomorrow.*
> **Ich weiß, dass er morgen nicht da *ist*.**

If the verb in a subordinate clause is a separable verb, it joins back together:

> *He's arriving at 10.00.*
> **Er *kommt* um 10.00 Uhr an.**
>
> *I think that he's arriving at 10.00.*
> **Ich glaube, dass er um 10.00 Uhr *ankommt*.**

If there is an infinitive in the subordinate clause, the main verb goes beyond that, right at the end:

> *They can visit us in Bonn.*
> **Sie *können* uns in Bonn besuchen.**
>
> *I hope they can visit us in Bonn.*
> **Ich hoffe, dass sie uns in Bonn besuchen *können*.**

Similarly, if there is a past participle in the subordinate clause, the auxiliary verb goes beyond that:

> *He did the work.*
> **Er *hat* die Arbeit gemacht.**
>
> *I don't know whether he did the work.*
> **Ich weiß nicht, ob er die Arbeit gemacht *hat*.**

>> 7.4, 7.5b.   << 4.4, 5.3b.

▼ AUFPASSEN!

- Subordinate clauses are separated from the main clause by a comma.
- In English we often miss out the word 'that' at the beginning of some subordinate clauses. In German you normally have to put it in ('I know (that) he's not there').
- With a few verbs like **hoffen, finden, glauben** and **denken** you can miss out the word **dass**, especially in spoken German. In that case the word order is just like in a main clause. But don't forget the comma:

> *I think he's arriving at 10.00.*
> **Ich glaube, er *kommt* um 10.00 Uhr *an*.**

7.4 Questions

To ask a question in German you turn round (invert) the subject and verb:

> *You are going to town.*
> **Sie fahren in die Stadt.**
>
> *Are you going to town?*
> **Fahren Sie in die Stadt?**

Sometimes you need to add a question word (or phrase) before the verb:

> *When are you going to town?*
> **Wann fahren Sie in die Stadt?**
>
> *What time are you coming back?*
> **Um wie viel Uhr kommen Sie zurück?**

Most question words in German begin with a 'w', so they are known as **W-Fragen**. Usually they are at the beginning of a sentence:

> *When is he coming to Berlin?*
> **Wann kommt er nach Berlin?**

They can also be used in a subordinate clause, often as the reply to a question: << 7.3

> *I don't know when he's coming to Berlin.*
> **Ich weiß nicht, wann er nach Berlin kommt.**
>
> *I've no idea why she did that.*
> **Ich habe keine Ahnung, warum sie das gemacht hat.**

Here are the main question words:

who	**wer**
what	**was**
where	**wo**
where to	**wohin**
where from	**woher**
when	**wann**
why	**warum**
how	**wie**
how much	**wie viel**
how many	**wie viele**
which	**welcher/welche/welches** etc. << 2.9
what sort of	**was für**

▼ AUFPASSEN!

Remember that the word **wer** changes, depending on what case it is in. It behaves like the masculine definite article except in the genitive case:

Who is that?	**Wer ist das?**
Whom do you mean?	**Wen meinst du?**
Whose friend is he?	**Wessen Freund ist er?**
Who is he speaking to?	**Mit wem spricht er?**

7.5 Conjunctions

Conjunctions are words which join clauses together. There are two kinds: coordinating and subordinating.

a. Co-ordinating conjunctions

Co-ordinating conjunctions link two clauses together which are of equal status (two main clauses or two subordinate clauses). They have no effect on the word order in either clause – they are just added in as an extra word. If the subject in both clauses is the same it may be omitted from the second one. These are the most common co-ordinating conjunctions:

and	**und**
but	**aber**
or	**oder**
*but**	**sondern**
for	**denn**

not one thing, <u>but</u> another

Peter went home but Thomas stayed in town.
Peter ist nach Hause gegangen, aber Thomas ist in der Stadt geblieben.

Silke has a horse and (she) feeds it every day.
Silke hat ein Pferd und (sie) füttert es jeden Tag.

He's not coming with us but staying with the others.
Er kommt nicht mit, sondern bleibt bei den anderen.

▼ AUFPASSEN!

You normally separate the clauses with a comma, but you don't have to put one before **und** and **oder**.

b. Subordinating conjunctions

Subordinating conjunctions join a subordinate clause to a main clause. They send the verb to the end of the clause. **<< 7.3**

These are the more common subordinating conjunctions. Make a note of any new ones as you encounter them.

that	**dass**
because	**weil**
whilst	**während**
when	**als**
whenever, if	**wenn**
as, since	**da**
whether	**ob**
before	**bevor, ehe**
after	**nachdem**
as if	**als ob**
until	**bis**
since	**seitdem**
in order that	**damit**
so that	**so dass**
although	**obgleich, obwohl**

In addition, you can use most of the question words (**wie, wann** etc.) as subordinating conjunctions. **<< 7.4**

Peter went home after he had seen the film.
Peter ist nach Hause gegangen, nachdem er den Film gesehen hatte.

I'm going to Spain because it doesn't rain there.
Ich fahre nach Spanien, weil es dort nicht regnet.

I don't know when he's arriving.
Ich weiß nicht, wann er ankommt.

▼ AUFPASSEN!

Remember, if the subordinate clause is at the beginning of the sentence, separate it with a comma then put the main verb next (second idea in the sentence). Because the subordinate clause ends in a verb, this gives the pattern: verb – comma – verb. **<< 7.2**
Before they come home I have to tidy up.
Bevor sie nach Hause kommen, muss ich aufräumen.

7.6 Time, Manner, Place

In a sentence containing additional information about a verb (e.g. when, how or where the action took place), the information must always be given in the same sequence in German. The order is: time – manner – place. Ask yourself the questions **wann? wie? wo?** (or **wohin/woher?**)

> *We're going to Berlin tomorrow on the train.*
> **Wir fahren morgen mit dem Zug nach Berlin.**

If one of the elements of the information is missing or if it has been put right at the beginning of the sentence, the order of the other two is still always the same as here (i.e. time – place, time – manner or manner – place):

> *Yesterday they walked slowly through the park.*
> **Gestern gingen sie langsam durch den Park.**

7.7 Direct and indirect objects together

If you have two noun objects together, the indirect object comes before the direct object in German: << 1.4

> *She gives the boy the apple. ('to the boy')*
> **Sie gibt dem Jungen den Apfel.** (Dativ – Akkusativ)

If you have two object pronouns together, the direct one comes before the indirect one: << 4.2, 4.3

> *She gives him it (the apple). (him = 'to him')*
> **Sie gibt ihn (den Apfel) ihm.** (Akkusativ – Dativ)

If you have a mixture of noun and pronoun, the pronoun comes before the noun:

> *She gives him the apple. (him = 'to him')*
> **Sie gibt ihm den Apfel.**
>
> *She gives it to the boy.*
> **Sie gibt ihn dem Jungen.**

7.8 Infinitives

If there are two verbs in a sentence, the second one is usually in the infinitive. Infinitives are placed at the end of a main clause:

> *I can't go to town today.*
> **Ich kann heute nicht in die Stadt gehen.**

In a subordinate clause, the verb which is not in the infinitive is sent to the end, so it goes beyond the infinitive:

> *… because I can't go to town today.*
> **…, weil ich heute nicht in die Stadt gehen kann.**

The modal verbs and the verb **werden** just need an infinitive to complete their meaning. All the rest need to add **zu** before the infinitive:

> *I don't want to do that.*
> **Ich habe keine Lust das zu machen.**
>
> *I hope to go to America next year.*
> **Ich hoffe nächstes Jahr nach Amerika zu fahren.**

If the infinitive is a separable verb, the word **zu** goes between the prefix and the main part of the verb:

> *I've no intention of getting up today.*
> **Ich habe keine Absicht heute aufzustehen.**

Notice the construction **um … zu** + infinitive which answers the question **warum** and means 'in order to'. **Um** goes at the beginning of the clause and **zu** + infinitive go at the end:

> *She's learning Japanese in order to work in Japan later.*
> **Sie lernt Japanisch um später mal in Japan zu arbeiten.**
>
> *They've come to England to improve their English.*
> **Sie sind nach England gekommen um ihr Englisch zu verbessern.**

If you put the infinitive clause first in a sentence, remember to invert the subject and verb of the main clause: << 7.2

> *To get to the station on time we must set off straight away.*
> **Um rechtzeitig am Bahnhof anzukommen, müssen wir sofort abfahren.**

You do not normally use a comma to separate the infinitive clause, unless it makes the meaning clearer.

8 Strong and irregular verbs

This verb table shows the more common strong and irregular verbs. Compounds of these verbs are irregular in the same way (e.g. **abfahren** is just like **fahren, sich bewerben** is like **werben**). Use a dictionary to be sure of all the meanings of a verb.

It can be very useful to recite these strong and irregular verbs to a rhythm – this helps you remember them more easily and you will also find that there are certain patterns that are repeated.

Verbs marked * take **sein**. ≪ 5.3c
Verbs marked (*) take **sein** or **haben**. ≪ 5.3c

Infinitiv	Präsens	Imperfekt	Partizip Perfekt	Englisch
Infinitive	*Present tense (3rd pers sing.)*	*Imperfect tense (3rd pers sing.)*	*Past participle*	*English meaning*
backen	bäckt	backte	gebacken	*to bake*
befehlen	befiehlt	befahl	befohlen	*to command, order*
beginnen	beginnt	begann	begonnen	*to begin*
beißen	beißt	biss	gebissen	*to bite*
bergen	birgt	barg	geborgen	*to save, hide*
biegen	biegt	bog	gebogen (*)	*to bend, turn*
bieten	bietet	bot	geboten	*to offer*
binden	bindet	band	gebunden	*to tie, bind*
bitten	bittet	bat	gebeten	*to ask, request*
bleiben	bleibt	blieb	geblieben *	*to stay, remain*
braten	brät	briet	gebraten	*to roast*
brechen	bricht	brach	gebrochen	*to break*
brennen	brennt	brannte	gebrannt	*to burn*
bringen	bringt	brachte	gebracht	*to bring*
denken	denkt	dachte	gedacht	*to think*
dringen	dringt	drang	gedrungen *	*to penetrate, force one's way*
dürfen	darf	durfte	gedurft	*to be allowed to*
empfehlen	empfiehlt	empfahl	empfohlen	*to recommend*
erschrecken	erschrickt	erschrak	erschrocken	*to frighten*
essen	isst	aß	gegessen	*to eat*
fahren	fährt	fuhr	gefahren (*)	*to drive, go, travel*
fallen	fällt	fiel	gefallen *	*to fall*
fangen	fängt	fing	gefangen	*to catch*
finden	findet	fand	gefunden	*to find*
fliegen	fliegt	flog	geflogen (*)	*to fly*
fliehen	flieht	floh	geflohen *	*to flee*
fließen	fließt	floss	geflossen *	*to flow*
fressen	frisst	fraß	gefressen	*to eat (of animals)*
frieren	friert	fror	gefroren (*)	*to freeze*
geben	gibt	gab	gegeben	*to give*

Infinitiv	Präsens	Imperfekt	Partizip Perfekt	Englisch
Infinitive	*Present tense* (3rd pers sing.)	*Imperfect tense* (3rd pers sing.)	*Past participle*	*English meaning*
gehen	geht	ging	gegangen *	*to go, walk*
gelingen	gelingt	gelang	gelungen *	*to succeed, manage*
gelten	gilt	galt	gegolten	*to be valid/worth*
genießen	genießt	genoss	genossen	*to enjoy*
geschehen	geschieht	geschah	geschehen *	*to happen*
gewinnen	gewinnt	gewann	gewonnen	*to win, gain*
gießen	gießt	goss	gegossen	*to pour*
gleichen	gleicht	glich	geglichen	*to resemble*
gleiten	gleitet	glitt	geglitten *	*to glide, slide*
graben	gräbt	grub	gegraben	*to dig*
greifen	greift	griff	gegriffen	*to grasp, seize*
haben	hat	hatte	gehabt	*to have*
halten	hält	hielt	gehalten	*to hold, stop*
hängen	hängt	hing	gehangen	*to hang*
heben	hebt	hob	gehoben	*to lift, raise*
heißen	heißt	hieß	geheißen	*to be called*
helfen	hilft	half	geholfen	*to help*
kennen	kennt	kannte	gekannt	*to know, be acquainted with*
klingen	klingt	klang	geklungen	*to sound*
kommen	kommt	kam	gekommen *	*to come*
können	kann	konnte	gekonnt	*to be able*
kriechen	kriecht	kroch	gekrochen *	*to creep, crawl*
laden	lädt	lud	geladen	*to load*
lassen	lässt	ließ	gelassen	*to let, allow, leave*
laufen	läuft	lief	gelaufen *	*to run*
leiden	leidet	litt	gelitten	*to suffer*
leihen	leiht	lieh	geliehen	*to lend*
lesen	liest	las	gelesen	*to read*
liegen	liegt	lag	gelegen	*to lie*
lügen	lügt	log	gelogen	*to tell a lie*
messen	misst	maß	gemessen	*to measure*
mögen	mag	mochte	gemocht	*to like*
müssen	muss	musste	gemusst	*to have to, must*
nehmen	nimmt	nahm	genommen	*to take*
nennen	nennt	nannte	genannt	*to name*
pfeifen	pfeift	pfiff	gepfiffen	*to whistle*
raten	rät	riet	geraten	*to advise*

Infinitiv	Präsens	Imperfekt	Partizip Perfekt	Englisch
Infinitive	*Present tense* (3rd pers sing.)	*Imperfect tense* (3rd pers sing.)	*Past participle*	*English meaning*
reiben	reibt	rieb	gerieben	*to rub*
reißen	reißt	riss	gerissen	*to tear*
reiten	reitet	ritt	geritten (*)	*to ride*
rennen	rennt	rannte	gerannt *	*to run, race*
riechen	riecht	roch	gerochen	*to smell*
rufen	ruft	rief	gerufen	*to call*
saufen	säuft	soff	gesoffen	*to drink (of animal)*
saugen	saugt	saugte/sog	gesaugt/gesogen	*to suck*
schaffen	schafft	schuf	geschaffen	*to create*
scheiden	scheidet	schied	geschieden	*to separate*
scheinen	scheint	schien	geschienen	*to shine, seem*
schieben	schiebt	schob	geschoben	*to push, shove*
schießen	schießt	schoss	geschossen	*to shoot*
schlafen	schläft	schlief	geschlafen	*to sleep*
schlagen	schlägt	schlug	geschlagen	*to hit, strike, beat*
schleichen	schleicht	schlich	geschlichen *	*to creep*
schließen	schließt	schloss	geschlossen	*to shut*
schmeißen	schmeißt	schmiss	geschmissen	*to fling, throw*
schmelzen	schmilzt	schmolz	geschmolzen (*)	*to melt*
schneiden	schneidet	schnitt	geschnitten	*to cut*
schreiben	schreibt	schrieb	geschrieben	*to write*
schreien	schreit	schrie	geschrie(e)n	*to shout, scream*
schreiten	schreitet	schritt	geschritten *	*to stride*
schweigen	schweigt	schwieg	geschwiegen	*to be silent*
schwimmen	schwimmt	schwamm	geschwommen (*)	*to swim, float*
schwören	schwört	schwor	geschworen	*to swear (an oath)*
sehen	sieht	sah	gesehen	*to see*
sein	ist	war	gewesen *	*to be*
senden	sendet	sendete/sandte	gesendet/gesandt	*to send*
singen	singt	sang	gesungen	*to sing*
sinken	sinkt	sank	gesunken (*)	*to sink*
sitzen	sitzt	saß	gesessen	*to sit, be seated*
sollen	soll	sollte	gesollt	*to be supposed to*
sprechen	spricht	sprach	gesprochen	*to speak*
springen	springt	sprang	gesprungen *	*to jump, leap*
stechen	sticht	stach	gestochen	*to sting, prick*
stehen	steht	stand	gestanden	*to stand*
stehlen	stiehlt	stahl	gestohlen	*to steal*

Infinitiv *Infinitive*	Präsens *Present tense* (3rd pers sing.)	Imperfekt *Imperfect tense* (3rd pers sing.)	Partizip Perfekt *Past participle*	Englisch *English meaning*
steigen	steigt	stieg	gestiegen *	to climb, mount
sterben	stirbt	starb	gestorben *	to die
stinken	stinkt	stank	gestunken	to stink, smell bad
stoßen	stößt	stieß	gestoßen	to push
streichen	streicht	strich	gestrichen	to stroke
streiten	streitet	stritt	gestritten	to argue, quarrel
tragen	trägt	trug	getragen	to carry, wear
treffen	trifft	traf	getroffen	to meet, hit
treiben	treibt	trieb	getrieben (*)	to drive, do
treten	tritt	trat	getreten *	to step
trinken	trinkt	trank	getrunken	to drink
tun	tut	tat	getan	to do
verderben	verdirbt	verdarb	verdorben (*)	to spoil, ruin, go bad
vergessen	vergisst	vergaß	vergessen	to forget
verlieren	verliert	verlor	verloren	to lose
vermeiden	vermeidet	vermied	vermieden	to avoid
verschwinden	verschwindet	verschwand	verschwunden *	to disappear
verzeihen	verzeiht	verzieh	verziehen	to pardon, excuse
wachsen	wächst	wuchs	gewachsen *	to grow
waschen	wäscht	wusch	gewaschen	to wash
weisen	weist	wies	gewiesen	to point, show
wenden	wendet	wendete/wandte	gewendet/gewandt	to turn
werben	wirbt	warb	geworben	to advertise
werden	wird	wurde	geworden *	to become
werfen	wirft	warf	geworfen	to throw
wiegen	wiegt	wog	gewogen	to weigh
wissen	weiß	wusste	gewusst	to know (a fact)
wollen	will	wollte	gewollt	to want to, wish
ziehen	zieht	zog	gezogen (*)	to pull, move (away)
zwingen	zwingt	zwang	gezwungen	to force, compel

Grammar index